48歳からの毎日を楽しくするおしゃれ

堀川波

あなたにとって、おしゃれとは？

大人としてのTPO
気持ちをウキウキ上げるもの
毎日の小さな楽しみ
自分自身を伝える「名刺」のようなもの
その日の気分を表すもの

今日は一日、楽しくおしゃれしましたか？

朝、忙しくて
テキトーに
決めちゃった
悪くはないけど、
大好きってほどの
服でもない……
ここ最近、
「似合う」って
思えた日がないなぁ
家から出なかったから
ずっとジャージ……
「仕事の服」だから
自分らしくはない

はじめに

48歳の今、私の体は3ヵ月経つと変わっています。
また太った？　白髪が増えてる！
こんなところにシミあったっけ……？
半年ごとの衣替えでは、好きだった服が
似合わなくなっていることもしょっちゅう。
思春期まっただなかの息子の成長と比べると
「私の変化は真逆だなぁ」と感じます。

体の変化だけでなく、こころの変化も実感しています。
子育てがひと段落し、一人の時間が増えてきたのが嬉しい反面、

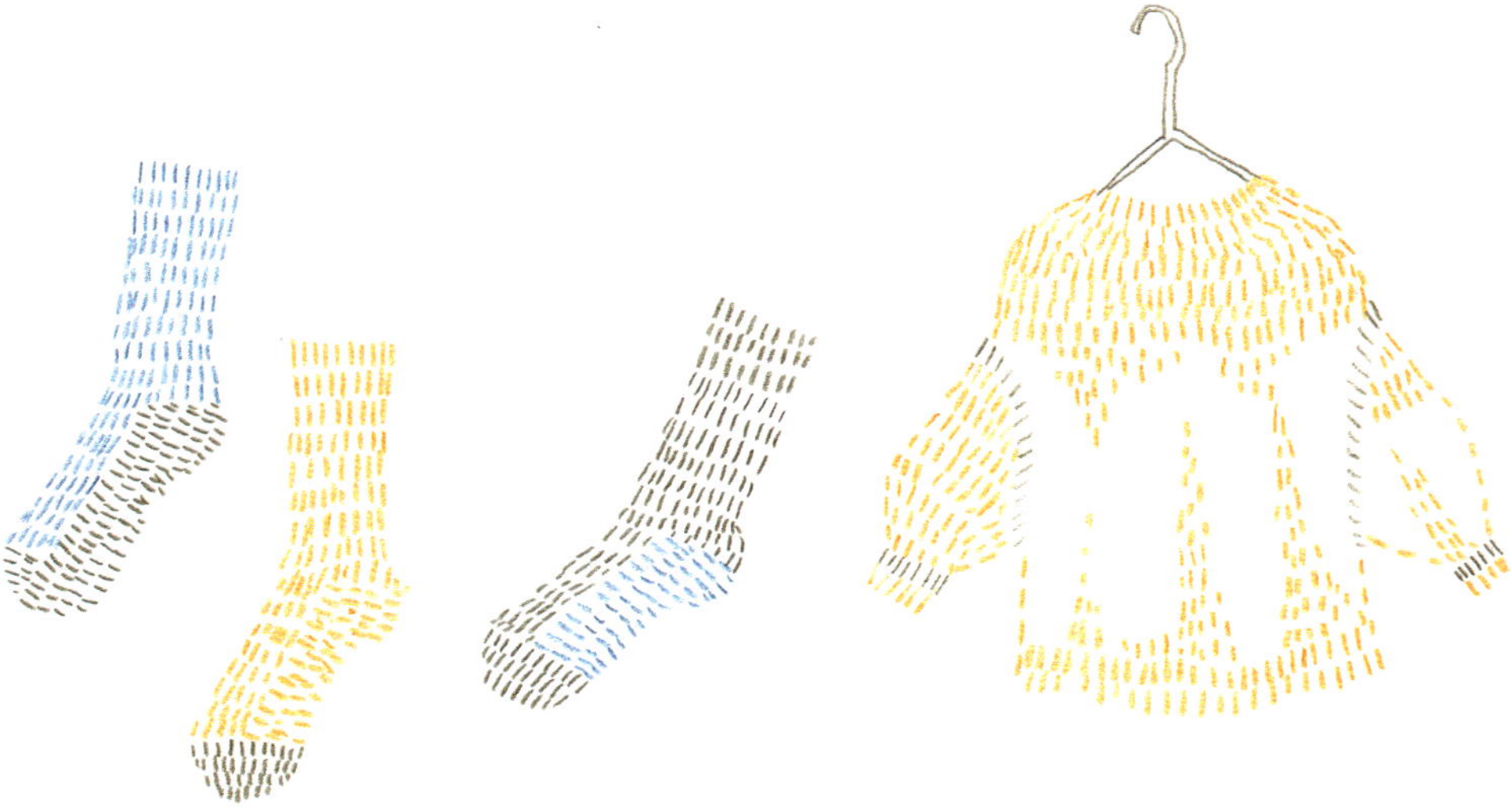

若い頃のようにいつでも遊べる友達がいるわけでもないから
寂しくなったり、先のことを考えて焦ったり。

でも、
そこで引きこもるのではなく
何かひとつでも新しい居場所を見つけたり
気兼ねなく付き合える友人をつくれたらいいなと思うのです。

その後押しをしてくれるのが
私にとっては「おしゃれ」。
おしゃれは気持ちを外へと向かわせ、
変わっていく自分に
自信を持たせてくれるからです。

まわりの友人と話していても
子どもではなく自分が習い事を始めたり、
資格の勉強や引っ越し、転職、離婚など
様々な変化が訪れているように感じます。

そんなタイミングの時こそ、
ママとしてはできなかったおしゃれをしたり
昔好きだった服を思い出したり、
今の自分が無理なく似合う服を見つけられると
毎日が楽しくなるのでは、と思います。

私自身、ラクちんで清潔感があり、
着るだけで体型カバーできる服には
ずいぶん詳しくなりました。
30代の頃とは違う、新たな「似合う」が
見つかるとすごく嬉しい！

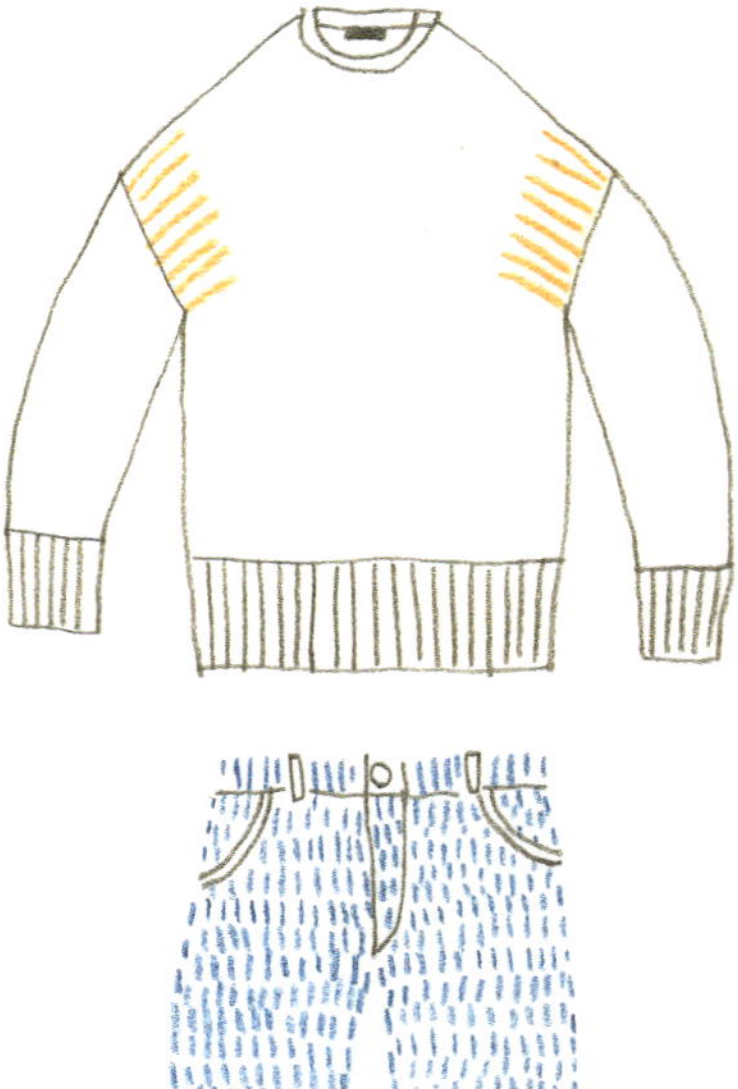

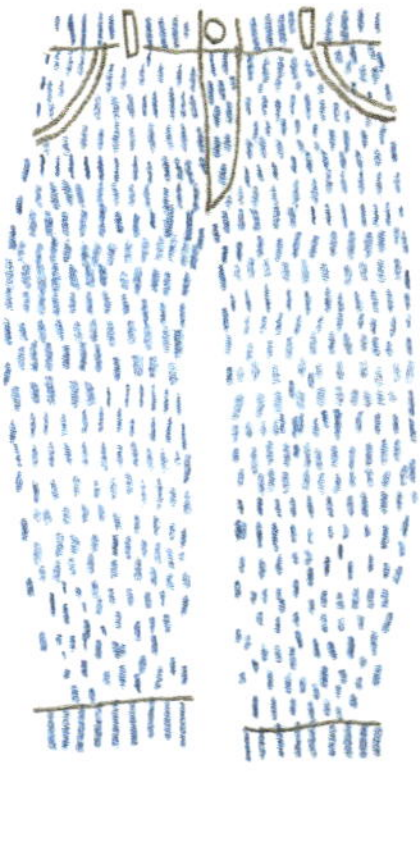

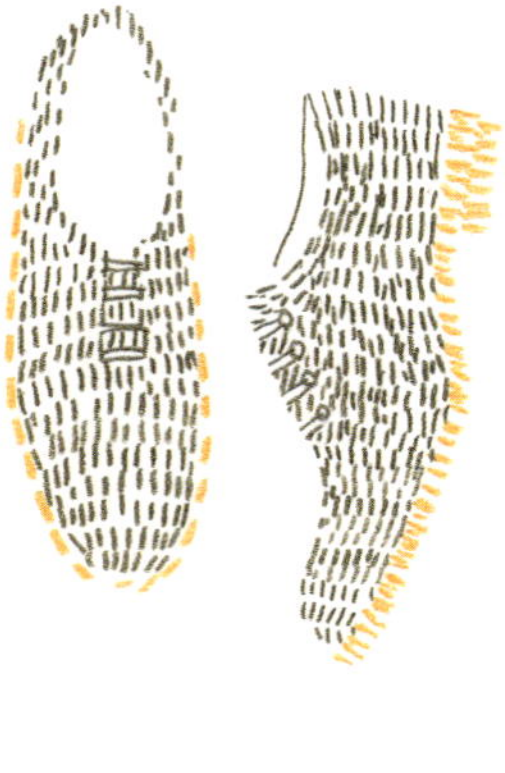

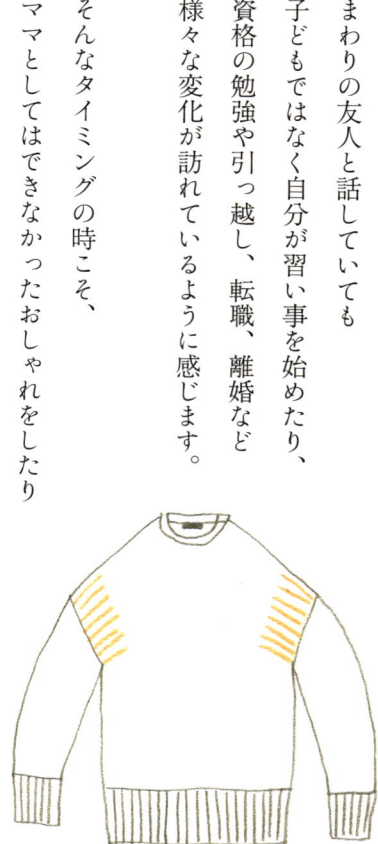

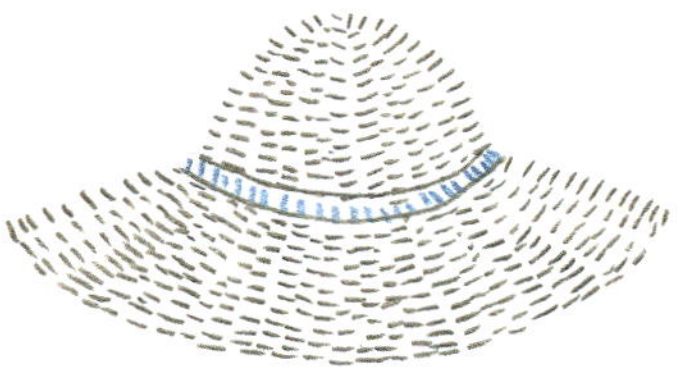

この本はそんなおすすめのアイテムや
着こなしの○×例、体質ケアのヒントを
紹介できたらと書きました。

これからも変化を受け入れながら、
その時々の自分を面白がれるように
おしゃれの力を借りていけたらと思っています。

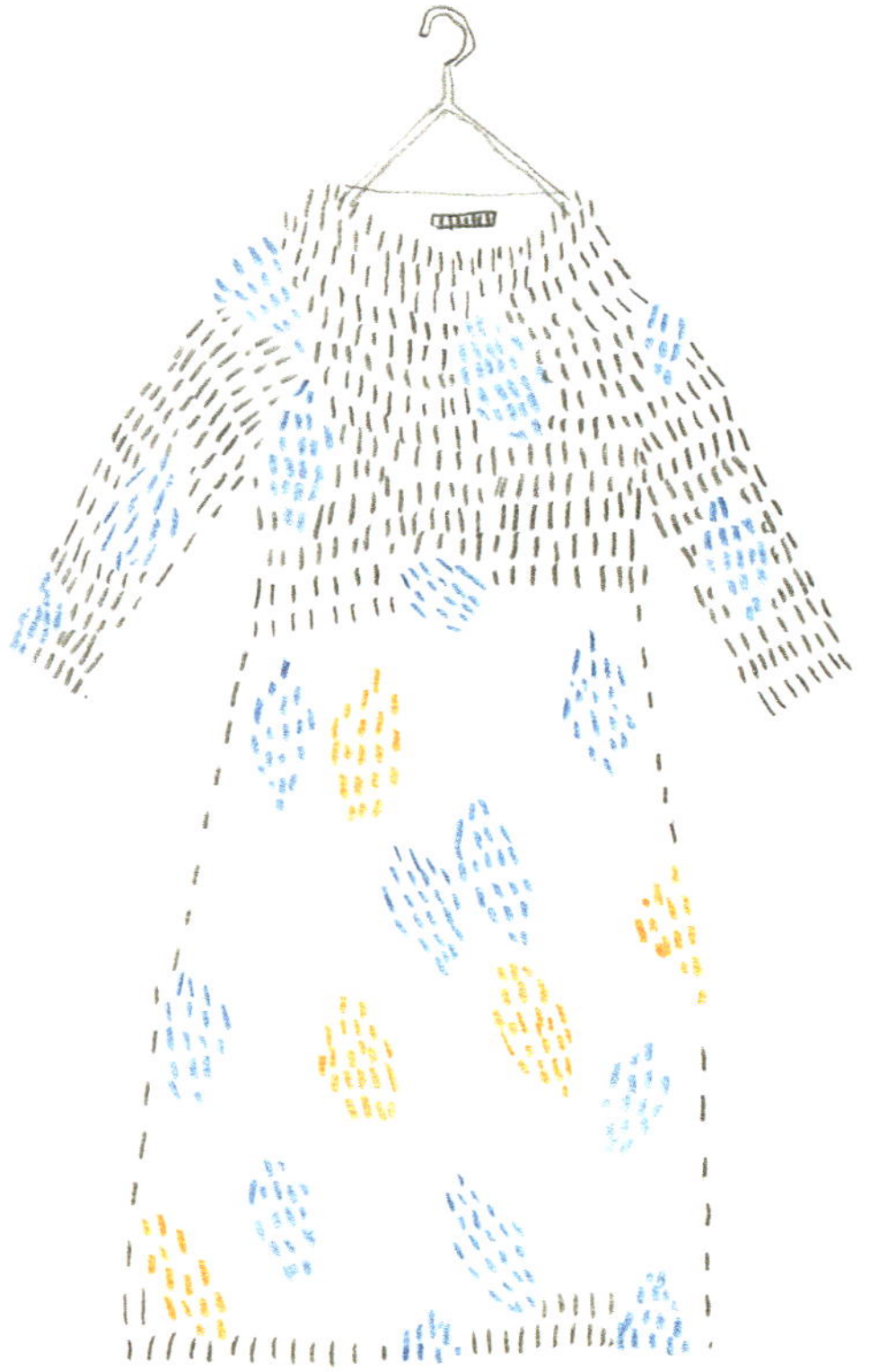

もくじ

2 流行
——頑張りすぎない取り入れ方

Items

3 定番――いつもの服の、これからの選び方

4

更年期

——肌、髪、心。土台のお手入れ

Staff
デザイン…二木俊一（文京図案室）
写真…砺波周平
印刷…シナノ書籍印刷株式会社

・掲載商品、店舗は2019年10月現在の情報です（価格は基本的に税込）
・化粧品やサプリメントなどの使用感や所見はあくまで著者個人の感想です

1

悩み事

——今、目の前のおしゃれの壁

Q 何を着たらいいかわからない

ANSWER▼▼▼「2＋1色コーデ」なら、いつでも誰でも必ず似合う

48歳の私は、短いスパンで心身が変化しているよう。先月着ていた服なのに、今日着たら「……似合ってない！」と驚くことがあります。

そんな時に頼っているのが「2＋1色コーデ」です。小物も含めて「メイン2色＋差し色1色」に絞るというだけのルールですが、これさえ守れば必ず〝それなり〟にまとまります。遠目にも垢抜け、技アリのおしゃれさんに見えるくらい。「今日の服、変じゃないかな？」とソワソワせずにいられると、一日中気持ちがラクですね。

おしゃれはやっぱり元気のもと。似合う着こなしが見つかると、毎日が楽しく過ごせます。

BEIGE × WHITE × GREEN

ベージュ＋白＋緑＝
親近感があり
ナチュラルな組合せ

BROWN × NAVY × BLUE

茶＋ネイビー＋青＝
やわらかさも
清涼感もあるコーデ

BLACK × WHITE × BLUE

黒＋白＋青＝
シンプルな中にも
差し色が個性に

GRAY
×
BROWN
×
BLACK

グレー＋茶＋黒＝
ニュアンスカラーを
黒で引き締める

BLACK
×
WHITE
×
RED

黒＋白＋赤＝
差し色が映える
モードな着こなし

BLACK
×
NAVY
×
BEIGE

黒＋ネイビー＋ベージュ＝
ストロー素材が
軽やかさをプラス

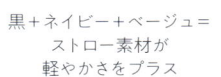

Q 数はあるのに着たい服がない

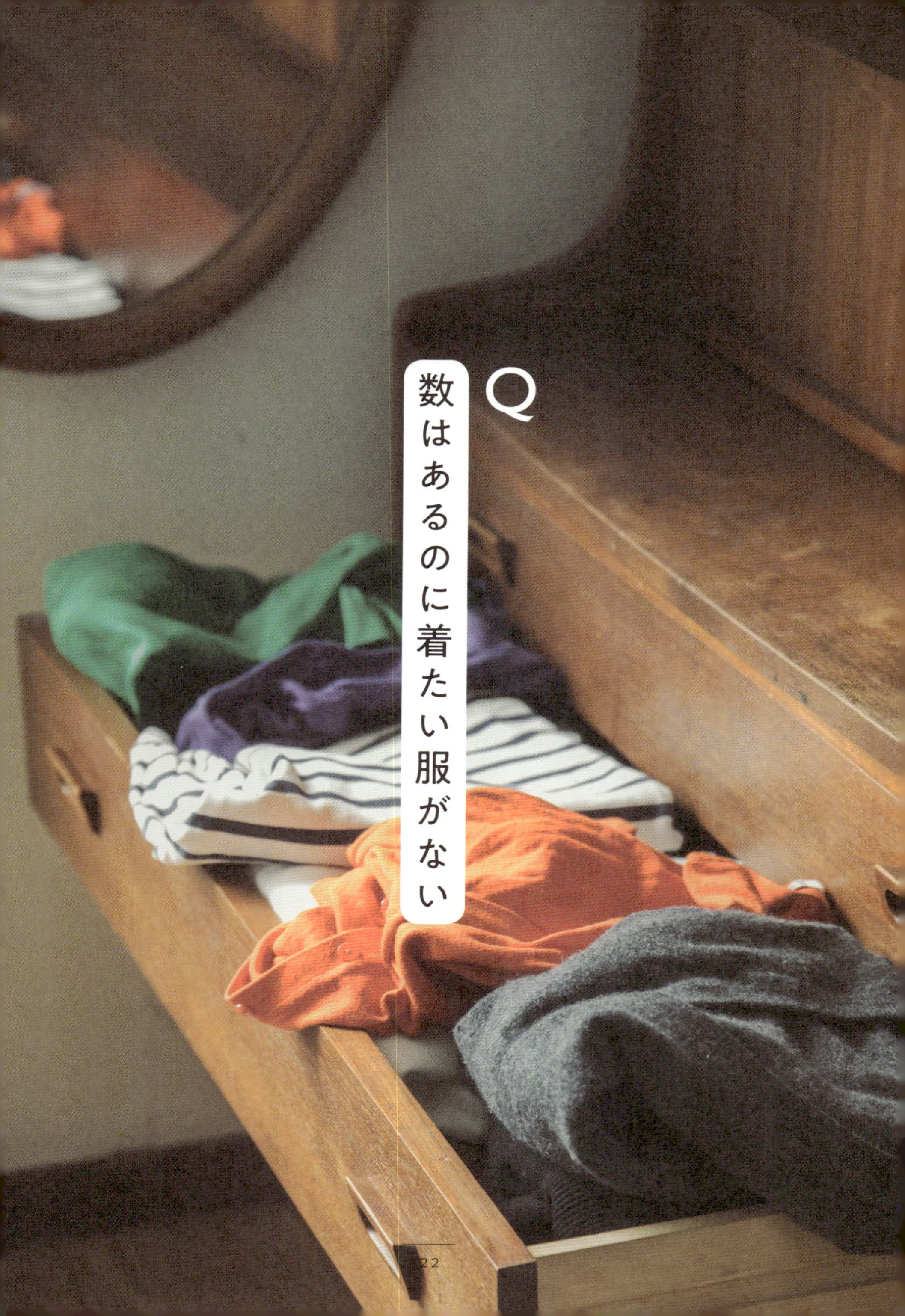

ANSWER▼▼▼制服化すれば、すべての服に出番が生まれる

かわいい！　と一目惚れで買った服は数知れず。結局はコーディネートからあぶれ、「数はあるのに着たい服がない」という状態になっていました。

そろそろどうにかしなきゃ、と始めてみたのが「制服化」です。「このTシャツにはこのパンツ」というふうに、着こなしを制服のごとく決めるのです。あぶれた服はスパッと断捨離。すると着る服だけ残り、時間にもタンスにも余裕ができました。

若い頃は「同じコーデしかしないなんてつまらない」と思っていましたが、今では違います。着回しなんていらない！　と思うくらい、無駄のない暮らしが気に入っています。

Q なんでどうして老けて見える？

デコラティブな
マダムスタイル
は老けて
見えるかも
シンプルに
カジュアル
ダウンして
若々しく

ANSWER▼▼▼華やかさとオバサン臭さは紙一重

大きな帽子に太めのベルト、膝上のスカートにブランドバッグ。すこしでも若々しく、華やかに……と盛り込みすぎると、実年齢より老けて見えることがあります。色、柄、素材が多すぎて、「デコラティブに若作りしているオバサン」に仕上がってしまうのかもしれません。

「年相応の若々しさ」って本当に難しいけれど、今の私には、素の状態に自然なツヤをちょっと足すくらいがちょうどいいのかなと感じています。たとえばリネンの服にアイロンをかけたり、髪をオイルでまとめたり。逆に、レーヨンなどの人工素材や、やりすぎメイクは要注意。「足す」より「磨く」を意識しています。

Q どこで買えばいいかわからない

インスタグラムでワード検索
セットアップコーデ
#セットアップコーデ
画像から気になるものをクリック
タグ
タグ付けされたブランドをクリック
SHOP
SHOP
オンラインショップや実店舗で探す

「みんな、服ってどこで買う？」同世代の友人に聞いてみました。お目当てのブランドがある人はデパートや駅ビル。通販カタログを利用しているという人もいました。年齢を重ねてからお店に入るハードルが高くなってネットが増えたという声も。その気持ち、すごくわかります。

私は実店舗とネットが半々くらい。ただ情報集めは専らネットで、「アラフィフコーデ」「パンツ　秋冬」などと検索することが多いです。ピンとくる写真があったら、公式サイトを見たり実物を試着しに行ったり。若い人向きだと思っていたブランドでも、上手に着こなしている同世代の方の投稿と見ると、前向きな発見をもらえます。

Q 同じような服ばかり買ってしまう

いいな！と思う服は
勇気を出して
試着します
他にどんな
ボトムスを
合わせれば
いいですか
コーデの
アドバイスをもらうと
勉強になります
こちらも
合わせて
みますか

似たような服が集まるのは、おしゃれにこだわりがあるということ。一概に悪いとは思いませんが、代わり映えしない服装が続くと気持ちが低空飛行します。とは言え、自分の枠を飛び出すには勇気が必要。試着しようと思っても、若い店員さんだとやりとりに違和感を覚えることもありますし。

でも、先日ちょっと嬉しいことがありました。子どもっぽくなりそうで避けてきたサスペンダー付きのパンツを試着してみたら想像していたより似合ったんです！　この年になっても新しく似合う服が見つかるって、とっても嬉しい。勇気を出して試着してよかった。たまに挑戦してみるのも、悪くないかもしれません。

Q「大人かわいい」ってなんだ？

ANSWER▼▼▼甘さの中に、辛《から》さが効いた着こなしのこと

年を重ねる＝流行に疎くなるとは思いたくないけれど、いまいち意味がつかめないファッション用語が増えています。「大人かわいい」もそのひとつ。レースやリボンなどファンシーなかわいさそのまま！　でないことはわかるけれど……。

SNSや街行くおしゃれさんを観察し、個人的には「相反するテイストをミックスしたおしゃれの仕方」を指すのかなと解釈しています。具体的にいうと、デニム（辛口）にバレエシューズ（甘口）を合わせたり、スカート（甘口）にスニーカー（辛口）を合わせたり。甘すぎないところに「大人っぽさ」があり、これからの私にも取り入れやすいテイストのような気がしています。

Q 「大人カジュアル」のポイントは？

ヘアは
コンパクトに
まとめて
すっきり
肌見せ
シャツは
アイロンを
かけて
真ちゅうの
バングルは
あたたかみが
あります
足の甲見せで
さわやかな肌見せ

ANSWER▼▼▼①小物にこだわる ②清潔感

「カジュアルな服装って素敵だけれど、小汚く見えそうで難しいね」と友人と話したことがあります。大人カジュアル、さじ加減が実にビミョーです。

私もいろいろ試した結果、コツはふたつある気がしています。ひとつは小物にこだわること。服にリラックス感があるぶん、小物をすこし上質にすると全体がチープに見えません。もうひとつが清潔感。昔は洗いざらしで着ていた服も今はピシッとアイロンをかけたり、ファストファッションでこまめに買い替えたりすれば、だらしなくならず、同時に流行も楽しめます。

力みのないカジュアル服は、着ていてラクだし元気に見える。若見せの味方です！

Q 仕事着と部屋着の間がない

ANSWER▼▼▼中間服《ワンマイルウェア》を充実させよう

「部屋着か仕事着しか持っていない」と聞いた時、なるほど〜と思いました。平日がほぼ家と会社の往復なら確かにそれで済んじゃいます。

私は家が仕事場だからこそ「中間服《ワンマイルウェア》」に着替えています。だるだるの部屋着からお出かけできるくらいの服に着替えることで、気が引き締まるし、宅配便が来ても大丈夫。ニットのセットアップやリネンのワンピースはとくに便利で友人とのランチもそのまま行けます。平日、オフィス勤めの方も、部屋着をすこし格上げすると週末が楽しくなるかもしれません。言い方を変えれば、部屋着をちょっとおしゃれにすると、日常が楽しくなるものです。

Q 着なくなっても捨てられない

ANSWER▼▼▼必殺「プリン出し」でスッキリ!

40歳を過ぎた頃から、片づけや断捨離を行う時間が気持ちを整理する時間になっています。「いつか着るかも」とグラデーションのように暮らしに馴染んでしまった服と一枚一枚向き合うことで、今の自分に向き合えて、必要なもの・ことが見えてくるのです。

おすすめは3ヵ月に一度の「プリン出し」。引き出しを一段ずつパカッと全部ひっくり返し、入っている服を見直します。プリンを型から出すように一度強制的に出しきることで、手放す服が必ず見つかるから面白い。モヤモヤしていた気分も晴れて、服選びがラクに、おしゃれが楽しくリフレッシュできます。

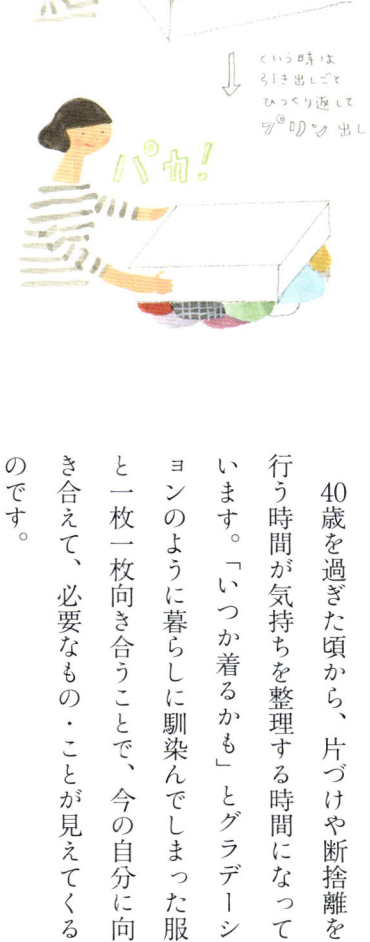

Q おしゃれする気が起こりません

ANSWER▼▼▼好きなことを思い出そう

仲良しのママ友は若手俳優の話をしている時がいちばん楽しそう。ティーンエイジャーに混ざって映画や舞台を見に行ってはときめいて、「これで更年期も乗り切れそう！」とのこと。気持ちがきっと、10代に戻れるんだろうなあ。

私たち世代は、若い頃に好きだったことを、もう一度楽しめる年齢になったのだと思います。私も昔好きだったドクターマーチンの靴を出したら、タイムマシンに乗ったように当時の景色を思い出しました。

今の自分の中に、昔の自分がいることを確認できると元気が出ます。おしゃれのやる気スイッチは、昔から好きなものを見るだけでONできるのかもしれません。

2 流行

——頑張りすぎない取り入れ方

流行は「知っている」ことが大事

「今、どんな服が流行ってる?」「それって何を見ればわかる……?」最近の流行がわからないと話題になることがよくあり

ます。「もう気にしなくていいや」と思うこともありますが、情報をシャットアウトし続けていると、想像以上に自分の服がマンネリ化していることに気づきます。

だからたとえ買わなくても、〝知っておく〟のは大事だなと思うようになりました。それだけで気持ちが若くなるし、あわよくば誰かと話したり、小物程度でも取り入れた日には「それ、かわいいね！」と褒められたい欲があったりします。

流行を知るには、やっぱり雑誌が便利です。ただ紙の雑誌は重いので、最近はもっぱらdマガジン。いろんな雑誌をパラパラめくり、初めて見る言葉を拾っていくと、自然とトレンドがつかめます。ドロップショルダー、ラウンドヘム、チャンキーヒール……、赤ニット、これはわかるぞ、とか。気になった言葉はSNSでも検索します。とくにインスタグラムには一般の方のリアルな情報が集まっていて、現実的なお値段のアイテムも豊富。お店情報も調べやすくて助かります。

まとめ▼▼▼流行は、乗ろうと気負わず、知ってみよう

同世代の
美容師さんは
おしゃれと
美容について
教えてくれます

小さい面積で上品に

面積少なく
が大人のルール

わが家は少なくともあと数年、子どもたちの教育費にとーってもお金がかかる時期。自分の服は二の次なので、シーズンごとに数点買えたら満足です。とくにここ数年は体型がコロコロ変わるので、手を出しやすいのは小物類。お手頃ブランドでも見つけやすいし、身につけた瞬間、イマドキ気分を味わえるので大好きです。

小物でトレンドを楽しむのには、もうひとつ理由があります。流行りものって、たいがい主張が強いので、面積を小さく抑えたほうが品良く、小慣れて見えるのです。たとえば小振りのポシェットやヒョウ柄のパンプス。コーデ全体のエッセンス的に取り入れることで、個性がピリッと引き立ちます。

もちろん、どうしても気に入って購入する、今年らしいパンツやワンピースもあります。そのときは必ず試着して、華美になりすぎていないか、若作り感が滲み出ていないかを十分注意しています。

［おすすめアイテム↓66ページ］

ファー巾着もかわいい

小さなポシェットにミニ財布を合わせて

ヒョウ柄パンプス

カラーパンプス

まとめ▼▼▼主張しすぎない取り入れ方が大人のルール

露出を抑えた着こなしを

どんなトレンドアイテムでも取り入れる時に注意しているのが露出具合。何も考えずに挑戦すると、単なる「若作りオバサン」に見えてしまうことがあるからです。

たとえば襟抜きシャツ。パリッとハリ感のあるシャツで、襟をすこし後ろに引き下げ、前はデコルテ

フロントだけインするのは私にも取り入れやすい流行の着こなし
シャツのボタンを留めた方が清潔感につながります

似合う着こなし

私がすると
だらしない
印象に…
そのまま
真似すると……
こんもりした
肩の肉が
太って
見える
若い人なら……
デコルテを
出しても
フレッシュ

が見えるぐらいまでボタンを開けて着るのが流行りました。でもこれは、20代、30代のツヤツヤの女性が着てこそ爽やかなスタイル。私がすると露出が多くて不自然でした。

そこで着こなしをちょっと補正。前ボタンをきっちり留めて、だらしなく見えたデコルテを隠します。フロント（おなかの前）をボトムにインしたり、バック（背側）を外にふんわり出すのは、違和感なかったのでそのまま真似。するとトレンド感がありつつも、若作りにならない着こなしができました。

若作り感は、往々にして肌の露出具合から漂います。流行っていても、肌見せの多い着方は真似をせず、アレンジしてみるのが良さそうです。

まとめ▼▼▼トレンドアイテムは露出を控える着こなしを

トレンド脇役で長寿服を新鮮に

個性的なシルエットの吊りスカートやサロペットも好きで、なかには7、8年選手も。これらはもはや、流行に関係なく好きなご長寿アイテムなので、合わせるシャツやソックスを新調することで今っぽく着こなすようにしています。重宝するのはファストファッション。ZARAやGU、フェリシモなどで今季のアイテムをチェックすると、何気ない白シャツやソックスでも今年らしい形や丈が見つかります。

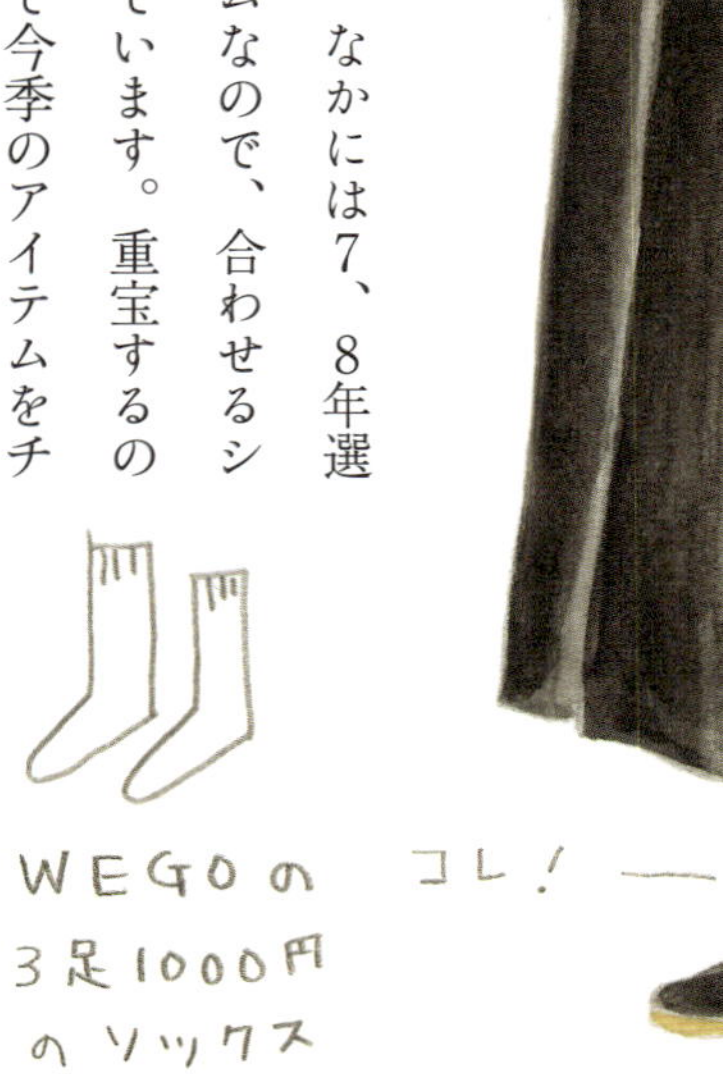

そこからひとつでも取り入れてみれば、去年とは違う、新鮮な着こなしの完成です。
脇役を買い替えると、コーデ全体に清潔感が出るというメリットもあります。きれいな白、パリッとした生地は、着ていて気持ちいいだけでなく、会う人にもきっと好印象。デザインのちょっとした目新しさから「それどこで買ったの?」と聞かれることもあり、おしゃれするのが楽しくなります。

[おすすめアイテム↓67ページ]

まとめ▼▼▼ご長寿服は、合わせる脇役を更新すると今っぽく

旬のコスメで垢抜ける

メイクも服と同じで、色やツヤ感にトレンドがあります。リップひとつでも今シーズンの新色に変えると、表情まで今っぽく、垢抜けて見えるから不思議。気分も途端に明るくなります。逆に、服はおしゃれでもメイクの仕方が若い頃のままだと年齢が強調されてしまうから、今の自分に似合う範囲で、トレンドのコスメを取り入れるのも大事なのだと思います。

偵察も兼ねて私がよく行くのは、駅ビルなどにある「イセタンミラー」という売り場です。様々なブランドが一堂に集まったブースで、若い女の子たちに混じってあれこれ見るうち、最近のメイク事情がつかめます。たとえば昔は黒か茶色しかなかったアイライナー。先日行ったらボルドーやカーキなど絶妙なカラーが充実していて、意外と肌馴染みがいいのは驚きました。「新しいものは若い人向け」と決めつけず、軽い気持ちで挑戦してみるのもたまには楽しいものです。

まとめ▼▼▼新色ひとつで、途端に今っぽい顔に！

とろみ素材には手を出すべからず

「とろみシャツ」や「とろみブラウス」といったフレーズをよく目にするようになりました。レーヨンやポリエステルなどの柔らか素材で、肌に沿うような、てろっとした質感が特徴です。

「女性らしい雰囲気だし、48歳でも似合うのでは」と、私も〝とろみ〟のあるスカートに挑戦！　すると面白いほど老けて見え、一緒に試着していた友人からも「ママさんコーラスの衣裳みたい」と指摘されてしまいました。ボトムなら太ももや腰まわり、トップスなら肩まわりやバスト、背中まで、「むだ肉はありません！」と自信のある方でないかぎりは要注意な素材かもしれません。

以来、柔らかさや光沢がほしい時はコットンのコーデュロイやリネンなど元々ツヤのある自然素材を選ぶようにしています。メイクやヘアスタイルでツヤ感を意識するのも◎。清潔で若々しい感じが出ます。

若い人なら……

若い人は
とろみ素材も
さわやかに
着こなせる

まとめ▼▼▼人工的な光沢はNG。自然素材や化粧、ヘアスタイルでツヤを出す

48才の私が
とろみ素材
を着ると
ママさん
コーラスに
見えます

そのまま
真似すると……

フリフリ
サテン素材は
どことなく
夜の香りが
漂います…

オバさん見えが
加速する
とろみ素材

デニム選びは流行より自分に合う形

股上の深さやダメージの入り方を見て、「そのデニム、今年っぽい！」とか「2～3年前に流行った形だ」と感じることがあります。デニム自体に流行りすたりはないものの、そのデザインには意外とトレンドがあるからです。

今季はハイライズ（股上30cm前後で、おへそより上に位置するデザイン）が大

アンクル丈で足首、甲を出した方が足が長く見えます

流行。私もいくつかのブランドに目星をつけ、試着しに行きました。……が、残念ながら大惨敗。三段腹がそのまま浮き出て、結局買わずに帰りました。デニムは合う・合わないが顕著なアイテムだと思います。ベルボトムやバギーパンツ、スキニー、ローライズ、マムデニムと流行りはいろいろあるけれど、穿けば残酷なほどに体型が出てしまうからです。だから「流行よりも、合う形」がマイルール。とくに40代に入ってからは、穿ける形をそつなく穿くのが清潔感につながると痛感しています。

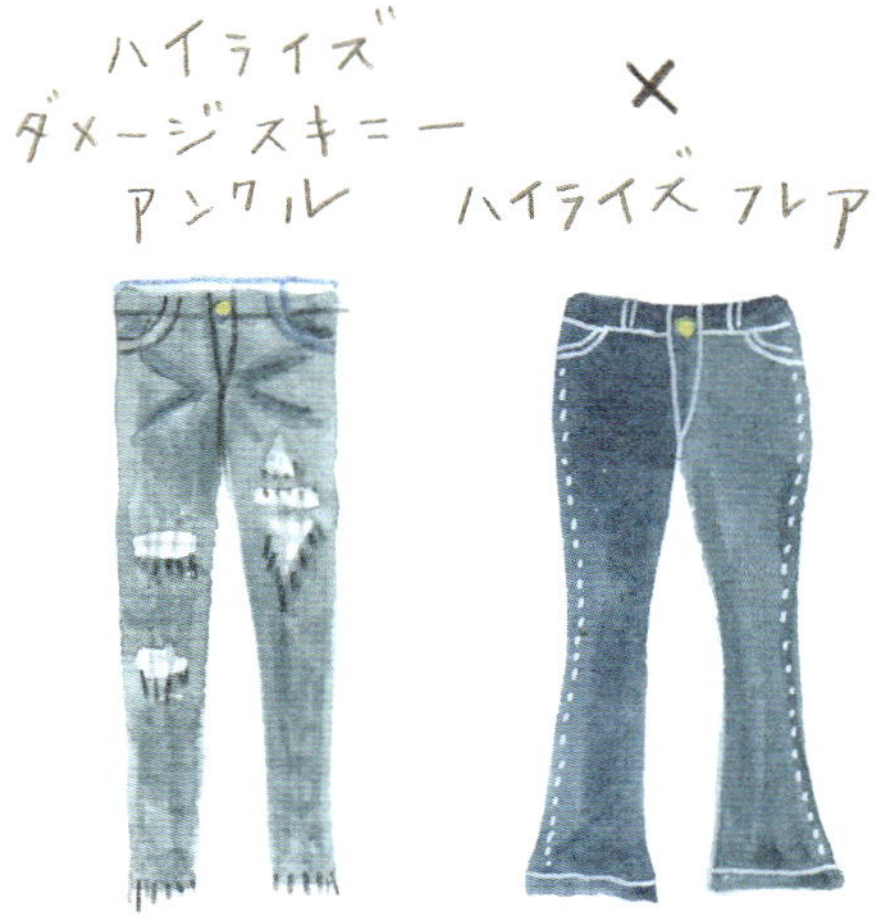

　そういえば、先日久しぶりに会った友人が細身のデニムを穿きこなしていて「おっ」と視線を奪われました。筋トレを始めてからおなかが平に、おしりがキュッと上向きになったそうで、

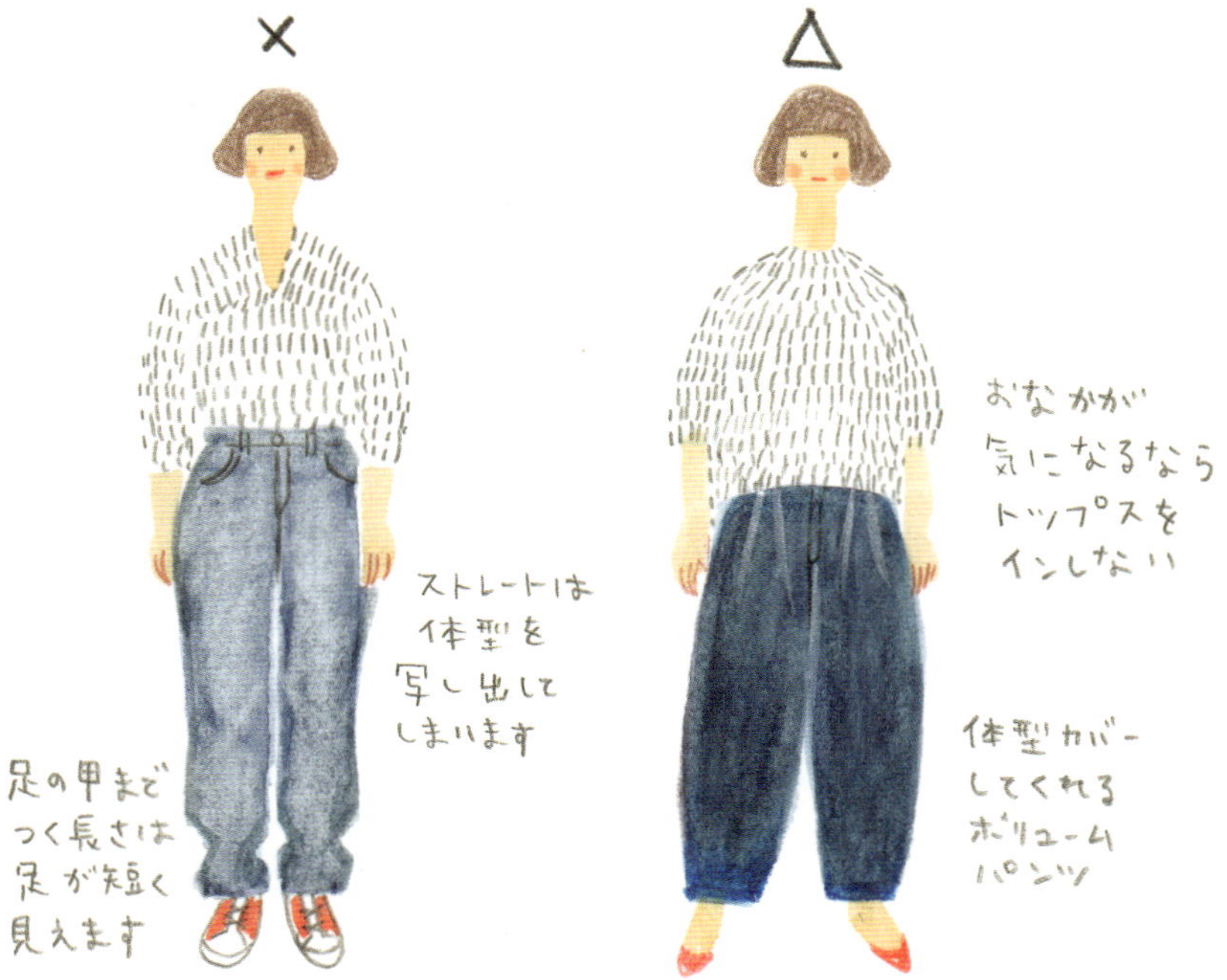
×
△
ストレートは
体型を
写し出して
しまいます
足の甲まで
つく長さは
足が短く
見えます
おなかが
気になるなら
トップスを
インしない
体型カバー
してくれる
ボリューム
パンツ

「私ももう一度、カッコよくデニムを穿きたい！」と刺激を受けました。

ふと、出産後にも同じような野望が湧いたのを思い出します。10カ月間大きなおなかを抱えて母になり、自分が自分でなくなったように思えてしまっていた頃でした。「妊娠前のように細身のデニムをまた穿ければ、〝私らしい私〟を取り戻せるはず！」と本能で思ったような気もします。

デニムって、自分が思う理想的な自分の象徴なのかもしれません。これからでもヒップアップトレーニングをすれば、再びスラッと穿ける日が来るかも？　ピタピタのスキニーデニムを買いに行きたくなるかも？　と、ほのかな夢を抱いています。

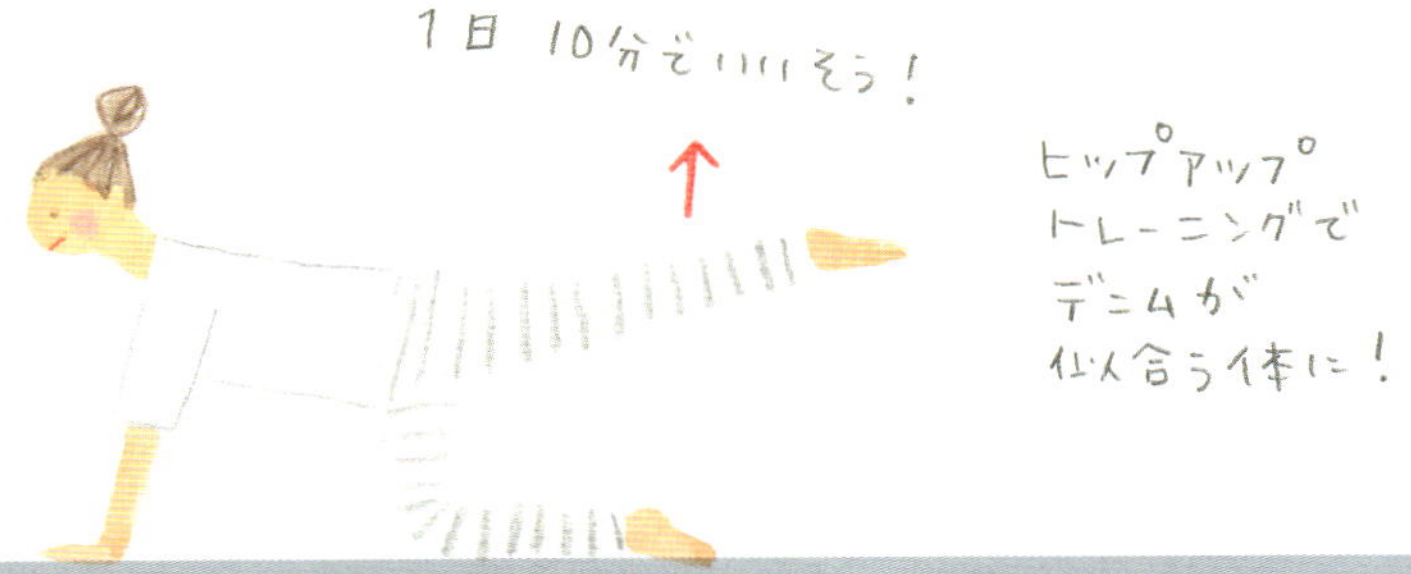
1日 10分でいいそう！
ヒップアップトレーニングでデニムが似合う体に！

ややぽちゃ40代向け　デニム選びの早見表

形	◎ テーパード	足首に向かって細くなる形。脚長効果もあり、スッキリ小ぎれいに見える
	○ ワイド、カーブ	体型隠しにはアリ。カジュアル感が強めでトレンドに左右されやすい
	△ スキニー	細身で脚にぴったり沿うタイプ。ワンピースなどの下にレギンスとして穿くのはOK
	× ストレート	脚が短く＆太く見えやすい
	× ブーツカット	ラッパ型。トレンドだとしても、私が着ると古臭く見える！
股上	◎ ミドル（おへそのやや上か下）	お肉は概ねしまいつつ、緊張感もある高さ
	△ 深め（ハイライズ）	多少の深さはOKだが、30cm以上あるとぽっこりおなかが強調される
	× 浅め（ローライズ）	おなかや背中のお肉が乗っかる
裾	◎ アンクル丈（くるぶし丈）	足首がすこし見えるくらい。ちょうどいい抜け感が出る
	△ 長め（足の甲まで）	そのまま穿くとスタイルが悪く見えがち。穿くなら足首が見えるくらいまでロールアップする
	× ショート	カジュアルすぎて子どもっぽく見えがち

まとめ▼▼▼スッキリ見せを意識して、試着しながらベストを選ぼう

「セットアップ」のカジュアル化

デザインのトレンドだけでなく、ファッション用語も時代とともに変わっているなぁと気づく時があります。「セットアップ」が指す服装もそのひとつ。昔は上下が同じ素材で同じ色、パイピングやボタンもばっちり揃えたスーツのようなスタイルをいいましたが、最近ではその定義がかなりゆるくなった様子。色は同じでも素材が別だったり、ブランドが違っても同素材で合わせればそうよんだりで、ザ・お

仕事着のような堅苦しさがありません。コットンやニット、ノースリーブや半袖などカジュアルなセットアップも増えていて、着られる場面も広がりそう。

何より嬉しいのは、忙しい朝、これさえ着ればコーデが一発でキマること！　自然と色味が少なくなるので、バッグやアクセサリーで差し色をするとぐっとおしゃれ度が上げられます。

久しぶり
ハードルの高いホワイトコーデもセットアップならチャレンジしやすい

まとめ▼▼▼色か素材を揃えるだけ。それくらいのゆるさがイマドキです

ボリュームパンツの流行はチャンス！

最近幅広い世代で流行っているのが、ゆったりとボリュームのあるパンツ。リラックスムード漂うバルーンパンツや、フロントにタックや裾にダーツが入ったサーカスパンツなど様々あり、穿くだけでイマドキ感あるシルエットがつくれるのでお気に入りです。

ただ、どうしても太って見えるのも事実。合わせるトップスには厳重注意です。私が気をつけているのは、①直線的な裁断　②コンパクトな丈　のトップスであること。パンツの形を生かすためにも、上半身はスッキリ&小さめにまとめるのがコツです。

羽織りもので縦ラインを強調するのも効果的です。ロングカーディガンなどで必殺・縦長ラインをつくれば、身長

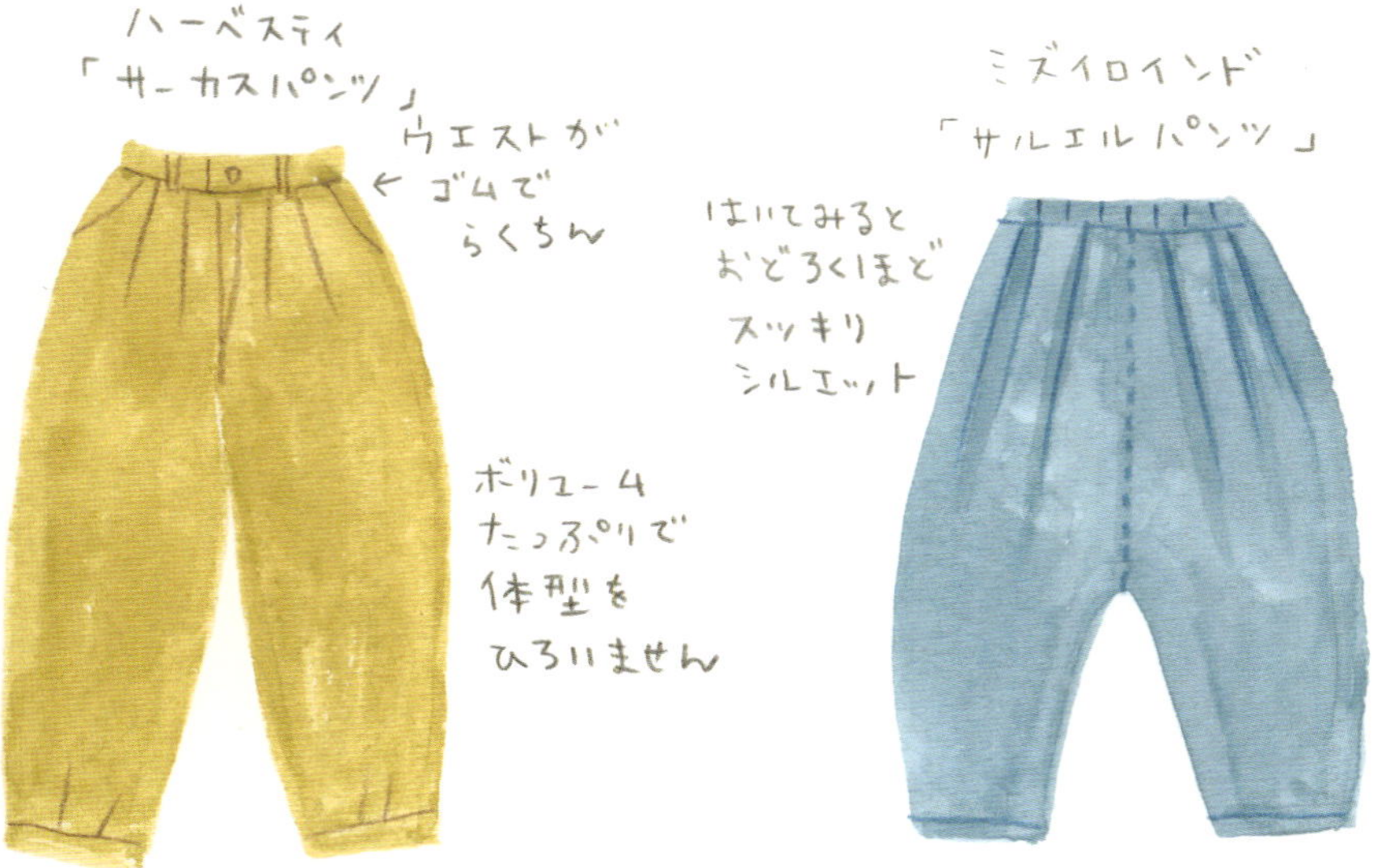
ハーベスティ
「サーカスパンツ」
ウエストが
← ゴムで
らくちん
ミズイロインド
「サルエルパンツ」
はいてみると
おどろくほど
スッキリ
シルエット
ボリューム
たっぷりで
体型を
ひろいません

ななめラインの
直線ポシェット
でコーデを
引き締め
足元に向けて
しぼられている
コクーン
シルエット
足の甲を
見せて
女らしく

153センチの私もスラッと縦長に見えている……はず！ボリュームパンツは、脚の形を拾わないので、流行ってくれると私たち世代は本当にラッキー。「着ぶくれしそう」と諦めず、上手に着こなしてみませんか。

［おすすめアイテム↓68ページ］

まとめ▼▼▼直線アイテムを足して上手に着こなす

コートは5年くらいのサイクルで

コートは単価が高いので、流行があるとはいえど毎年買い替えてはいません。3万円くらいで買ったら3年は、5万円くらいだったら5年は着たいと思っていて、新調しない年はタイツやバッグ、メイクなどコート以外の外身でトレンドを楽しみます。流行は全身で追わなくても十分。お財布に負担をかけないことも、気持ちのいいおしゃれには大切です。

私の手持ちは3種類。①冬のきれいめ　②冬のカジュアル

③春秋用　で、これさえあれば日常的には困りません。いちばん長く着ているのは、きれいめ用のウールコート。他のアイテムでもよく着るエンフォルドのもので、軽くて疲れず、ゆったりと包み込むようなコクーンシルエットがお気に入りです。

　もう一着増やすとしたら、アウトドアにも使えるようなご近所用かな？　とリサーチ中。でも子どもの送り迎えや学校行事がなくなり、着る機会があまりないかもしれないと思うと、ちょっと足踏み中なのです。

まとめ▼▼▼コートは毎年新調せず、小物で遊び心を足しています

作家性のある服はタイムレス

トレンドを軽やかに取り入れるのが楽しい一方で、普遍的で流行りすたりがなく、十年先も着ていたいと思える服に出会うと胸が高鳴ります。これもまた別のおしゃれの醍醐味。58歳の自分が着ている姿が想像できると、新しいお気に入りとして迎えることが多いです。

情報の入口はピンタレストやインスタグラムが中心。私は作り手の個性や民俗的なデザインに惹かれるので、お店を持っていなくても素敵な服を作る作家さんのサイトや各地で開かれるクラフトフェア、カフェの一角で開かれるイベントなどを知ってはのぞきに訪れたりします。服だけでなく、アクセサリーやカゴバッグなどいろいろな物に出会えるのも楽しい。新しいおしゃれの世界を知るチャンスにもつながっています。

考えてみれば、30代の頃からずっと着ている服にも同じ傾向がある気がします。変わらず好きなタイムレスな服は、これからもおしゃれのキーワードであり続けていきそうです。

［おすすめアイテム↓69ページ］

まとめ▼▼▼時代や年齢を選ばない、エイジレスな服も大切です

キーワードは「タイムレス」と「エイジレス」な服
クラフトフェアで買った真ちゅうのバングルは手打ちのあとにあたたかみがある
凝った細工のワンピースは流行に左右されない

大人に似合う トレンドアイテム

小物類

今年らしさが漂う色や柄ものは、小さい面積で取り入れるといやらしさが出にくいです。ファストファッションで気軽に買ったり、時には色や素材を選んで長く使ったりするものもあります。

左上から時計回りにカチューシャ、ピアス（すべてH&M）／ヒョウ柄パンプス（ザ マジック）／ヒョウ柄ミニショルダーバッグ（エルベシャプリエ）／黒レザーバッグ（イロセ）

脇役アイテム

十年以上変わらず好きな吊りスカート。合わせるトップスや靴下などの脇役アイテムを更新することで、着こなしのマンネリを防いでいます。便利なのはやっぱりファストファッション！

左からギンガムシャツ（GU）／白ビッグシルエットシャツ（ティティ ベイト）／黒セーター（ユニクロ）／ラメソックス（ウィゴー）／黒バレーシューズ（ユニクロ）

ボリュームパンツ

ここ数年、幅広い世代で流行っているボリュームパンツ。トップスや小物で上手にバランスを取れば、体型を隠せてイマドキ感も出せるので気に入っています。

左から黒（ミズイロインド）／カーキ（ハーベスティ）／デニム（ミズイロインド）

作家性、民族性のあるアイテム

作家性や民俗性のあるデザインは、エイジレスなコーデのスパイス。人とかぶりにくいので自分らしさも表現でき、着ていてどこかホッとします。

左からモン族スカート（ベトナムで購入）／ラバリジャケットタイプ カシュクールブラウス（カロバ）／アフガンブレスレット（メルカリで購入）／ファーサンダル（バッファローロンドン）

3 定番

——いつもの服の、これからの選び方

Tシャツ

身幅にゆとりがあるものを

Tシャツや七分丈シャツの条件は、何より体型を拾わないこと。春～秋はこれ一枚でも出かけたいから、ぽっこりおなかもムチムチの二の腕も上手に隠せるものがベストです。

そこで必須なのが身幅のゆとり。バストもウエストも凹凸が目立たず、すとんとしたフォルムだと清潔感が漂います。逆に、細身のデザインやストレッチ素材、てろんと柔らかい生地は、体型を拾うので要注意。胴まわりや腕だけでなく、バストを強調するようなシルエットだと、そろそろヘルシーに見えないなと思うのです。

ボーダー柄もよく着ますが、ブルーより黒×白、縞は細めのほうが大人っぽい印象です。私のお気に入りはトラディショナルウェザーのビッグマリン ボートネックシャツ。身幅ゆったりのショート丈で、野暮ったく見えない一枚です。

NG
細身だと
腕や背中も
ムチムチ

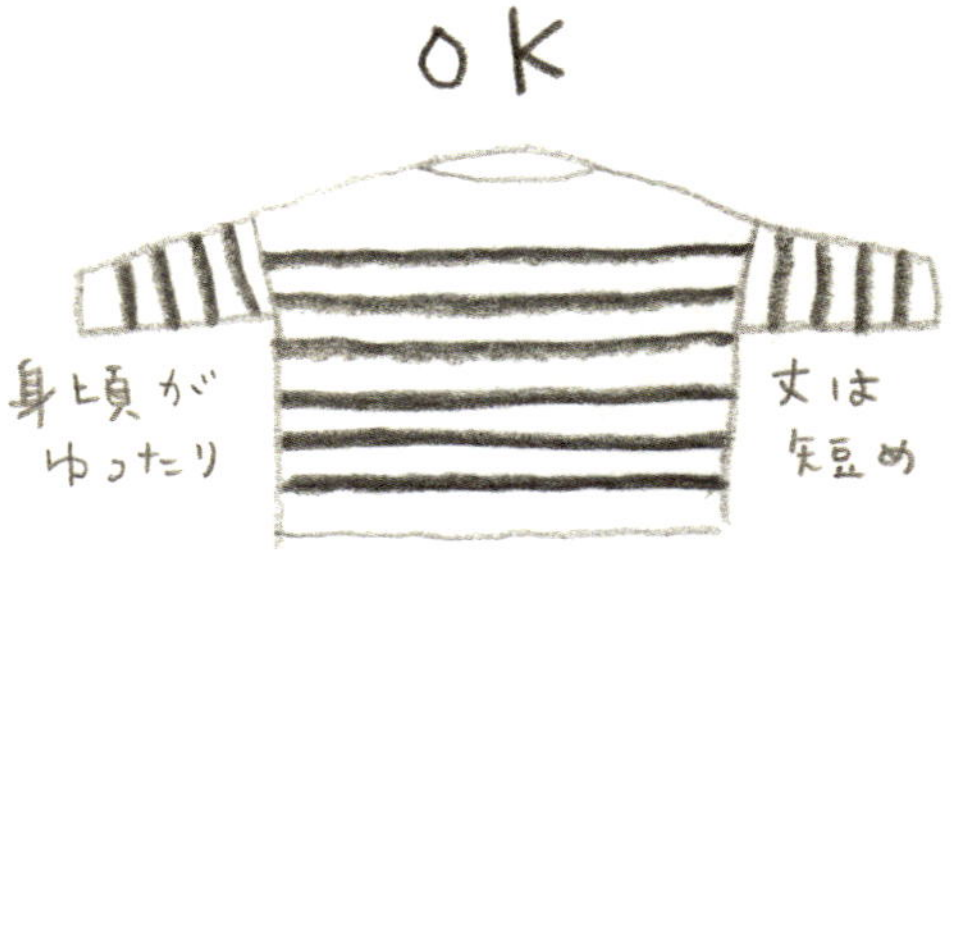
OK
身頃が
ゆったり
丈は
短め

身幅がワイドだと
着心地がいい
厚手で硬さの
あるコットンは
体型を
拾いません
着るだけで
おしゃれに見える
シルエット

ブラウス

立体的なシルエットを選ぶ

いわゆるYシャツのような、シンプルな形のブラウスが着られなくなってきました。ブラが食い込んだ背中のお肉や、前にも横にもはみ出るおなかが、そのまま浮かび上がってしまうのです。

代わりに選ぶようになったのは、立体的な裁断の変わりシャツです。ゆったり丸みのあるコクーン型や、裾がフレアになったものなら、デザインで体型カバーできますから。

袖にボリュームのあるパフスリーブも、二の腕を上手に隠してくれます。ただ、肩まわりがこんもりした提灯型のパフスリーブだと、幼く（やや痛々しく）なってしまう。七分袖くらいの、長めで、ゆったりと肌に沿う形のほうが年相応の印象です。

ブラウスは、変形であってもきちんとした場に着られるアイテム。レフ板効果で顔も明るく見えるので、これからも上手に選んでいきたいです。

立体感のある
ブラウスだと
体型カバー
できるので
太って
見えません
ボリュームの
あるトップス
には
テーパード
パンツを
合わせると
バランスが
いいです

チュニック

ラクだからこそ、ルーズにならないように

シャツより長く、ワンピースよりは丈が短い「チュニック」は、おなかもおしりも隠せるので私の強い味方です。締め付けがなくラクな反面、ルーズにも見えがちなので、気をつけているのは色や柄。膨張色のピンクや水色は避け、白、黒、赤などハッキリした色の無地を選んでいます。私たち世代の御用達だけに、ふんわり優しい色合いも多いのですが、一気におばちゃん度が上がってしまうので要注意。女性らしさより、カッコよさやモードな感じを目指すとおしゃれに着こなせます。

もうひとつ気をつけているのはインナーです。以前、寒いからと下にタートルネックを着たら、色がちぐはぐだわ、着ぶくれするわで、これぞオバサン！　に。インナーはチュニックから見えない袖丈にして、首や手首の肌を出したほうが自然な若々しさにつながります。

NG
老けて見える
フェミニンな
柄物
重ね着するとおばさん
臭さが際立つ

OK
サラリと
1枚で
着れる
ハッキリした
で無地

おなかも
おしりも
隠せて
安心！
裾がふわりと
広がっているので
首周りや手首が
詰まっていると
クラシカルな
雰囲気になり
だらしなく
見えません

セーター

Vネックで上半身をスッキリ

私は身長が低いので（153センチ）、首まわりが空いているとだらんとした印象に見えがちです。セーターはとくにそれが顕著なので、今までは首の詰まったクルーネックがいちばん似合うと思っていました。

ところが、SNSで素敵なVネックを見つけて試してみたら、悪くない。むしろ直線のシャープなラインでデコルテがスッキリし、顔や上半身のずんぐりした印象が軽く感じられました。今まで避けてきた襟の形でしたが、大人の女性には嬉しい効果がありそうです。サイズ選びもひと工夫。ちょうどよく感じるひとつ大きめ（私ならLサイズ）を選ぶと、今っぽいラフさが出る気がします。

とはいえ、似合う襟の空き方は体型や髪型によっても変わるもの。新調するタイミングが来たら、いろいろ試してみることをおすすめします。

襟のいろいろ
肩が丸くなったら Vネックのラインで シャープに
グラマーな人は ボートネックで デコルテスッキリ
スリムな人には クルーネックが モダンでおしゃれ

Vネックは
細くて深い
形が品良く
大人っぽい
体型を
拾わない
ドロップショルダー
が おすすめ

カーディガン

新しい定番はロング丈

室内外で温度差がある日やちょっと肌寒くなる季節、サッと羽織れるカーディガンがあると便利です。しかし長年重宝していた丸首ニットのカーディガンが、なんだか野暮ったく見えるようになりました。丸い体を強調してしまうのです。

体温調節＋スタイルアップに一役買ってくれているのが膝下10センチのロングカーディガンです。もたっとした腰まわりを縦長のIラインでスッキリ隠し、全身を細長く見せてくれるのでスラッと着痩せして見えます。春や秋だけでなく、夏の日焼け対策としておすすめです。

カーディガンというとウエスト丈・ボタン付き・ほっこりニットのイメージでしたが、今はこのロング丈・羽織り型・ボタンのないスッキリデザインが私の定番です。

NG
シャツに
合わせて
前ボタンを
留めると
制服の
ような
お堅い
イメージに…
ロング
カーディガン
は前ボタン
を留めず
ラフに
はおる
OK

ストライプと
ロングカーデで
縦のラインを
強調すれば
スッキリ
気になる
おしり周りも
すっぽり
カバーして
くれて
うれしい

ワンピース

ハイウエストでスタイルアップ

窮屈な服を着たくない！　という思いが年々強くなっていて、出番が増えているのがワンピース。とくにリネンのワンピースは、着心地がいいうえ、ほど良くきちんと感があるのでヘビロテで、ワンマイルウエア（34ページ）として、週3回は着ているかもしれません。

理想はどこにも締め付けがなく、スタイルが良く見えるもの。最近はハイウエストの切り替えしが気に入っています。ゴムやリボンで絞るわけではないので苦しくないし、アクセントが上にくるので脚長効果も。食後のおなかも目立ちません。

髪はコンパクトにまとめるのがワンピースコーデの定番です。下のほうにボリュームがあるぶん、バランスが良くまとまります。

［おすすめアイテム↓116ページ］

NG
フリルやリボン付きは幼稚に見えてかえって老け見え
OK
ハリのある無地の生地

ワンピに
ボリュームが
あるので髪は
コンパクトに
まとめて
切り替えが
ハイウェスト
だと
らくちん
リネンや
コットンなど
ハリのある
生地だと
だらしなく
見えません

スカート

ミモレ丈よりマキシ丈

子育て中はパンツがメインだったせいか、自分に余裕ができてからはスカートを穿きたくなる日が増えました。マキシ丈のスカートも最近になって定番化した服のひとつ。私は背が低いので似合わないだろうと思っていたのですが、ミモレ丈（膝下10センチくらいの丈）より脚長・脚細効果があるし、風通しが良くて夏も涼しい。階段を上がる時に裾をたくし上げると、忘れかけていたお姫様気分が戻りウキウキもして、今の自分にぴったりだなと感じています。ウエストはゴムが必須ですが、ギャザーだとぽっこりおなかが目立つので、前側だけでもタック入りを選ぶのもポイントです。

……でも待てよ。自分で自分の裾を踏んで、転ぶ姿が想像できなくもありません。「運動能力が衰える前にたくさん楽しんでおこう」なんて思ったりもするのです。

［おすすめアイテム↓1‐7ページ］

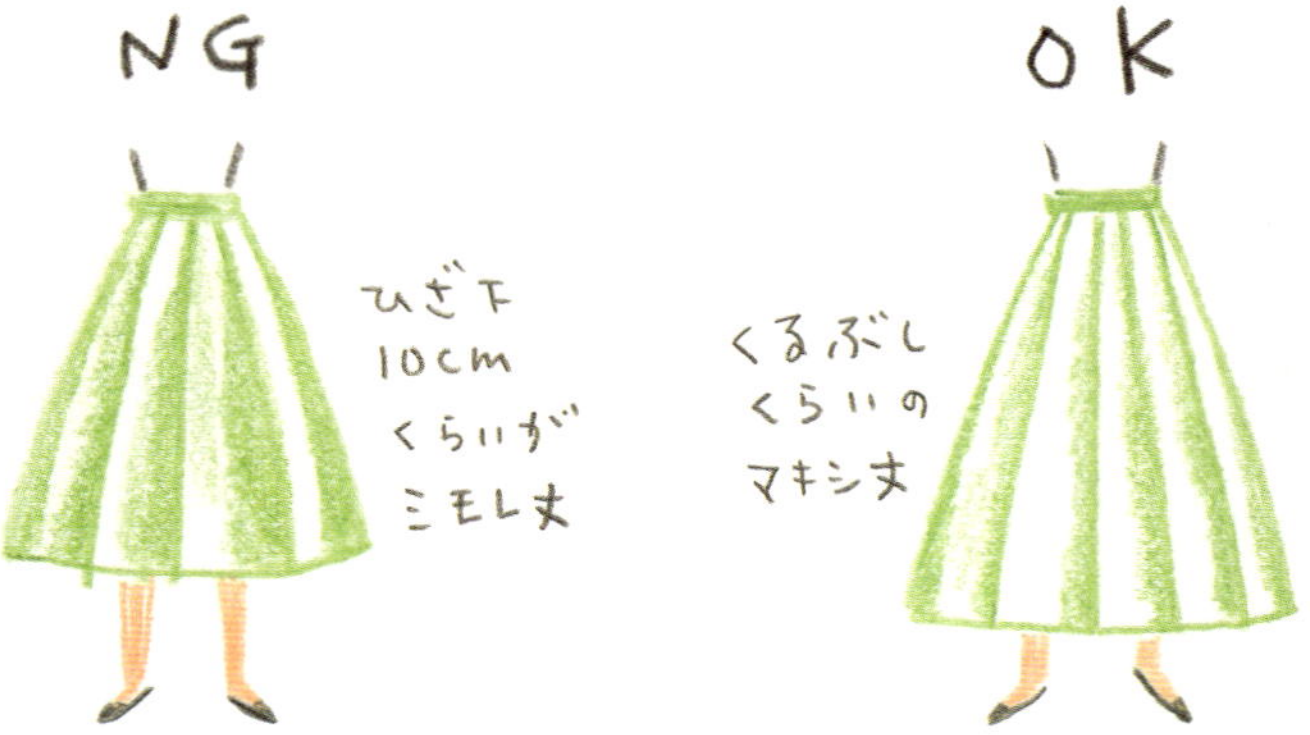

ウエスト部分は
ギャザーより
タックの方が
スッキリ
着られます
ミモレ丈より
マキシ丈が
大人の女性
には
似合います

パンツ

ワイドパンツでカッコよく着痩せ

サルエル、サブリナ、ブーツカットなど、パンツのトレンドはわりと短い周期でまわります。でも、それに毎回難なく乗れる！……のは、若者の特権。おなか、おしり、足の長さなど「どうあがいても無理！」なパンツはありますから、流行を追うより、小ぎれいに見える形を尊重にするようになりました。

最近「いいかも」と感じているのはワイドパンツです。太ももから裾まで同じ太さで、ストンとまっすぐ、長方形のように落ち、脚の形を拾わないためビッグシルエットのわりに太って見えません。むしろ上半身とメリハリがつくので、首まわりを華奢に見せてくれる気も。マニッシュでかっこいい雰囲気があるのも魅力です。私は下記の素材のものをシーンごとに使い分けています。

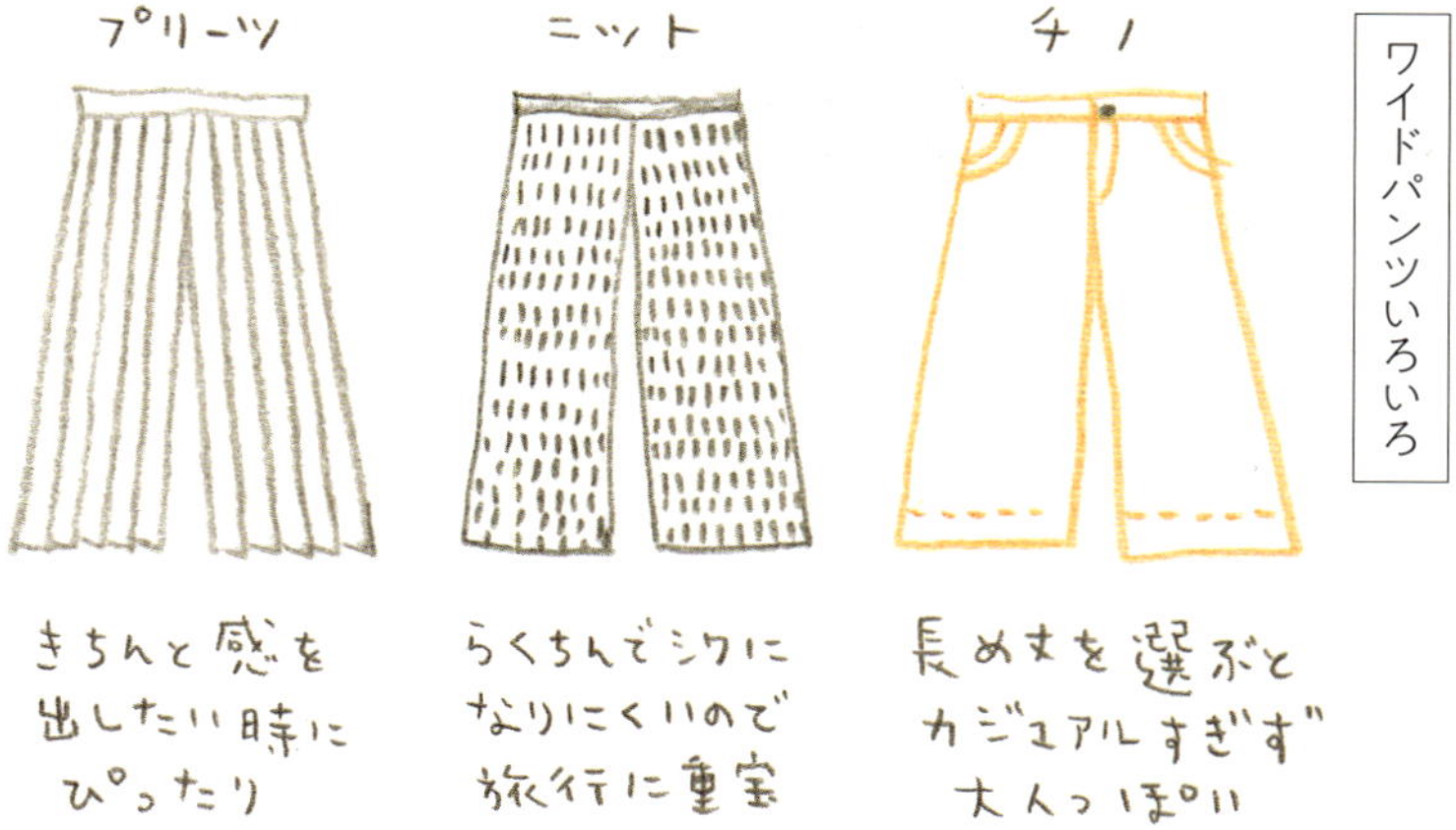
ワイドパンツいろいろ
チノ
長め丈を選ぶとカジュアルすぎず大人っぽい
ニット
らくちんでシワになりにくいので旅行に重宝
プリーツ
きちんと感を出したい時にぴったり

意外と太って
見えない
ワイドパンツ
は大人の
定番服！
足の甲が
見えるくらいの
長め丈が
大人っぽい

セレモニー服

式以外にも着回しできる黒ワンピ

30代後半以降、クローゼットから出すたびにサイズアウト！ していたのがセレモニー服。なかなかのお値段で購入したのに、子どもの入学式や卒業式などに出すたび、おなかが、腕が、あれミニスカートになってる？ と、せっかくの晴れの日に落ち着かないこともありました。

高価なフォーマルウェアを買うのをやめたのは数年前。代わりにシンプルなブラックワンピースを一着持ち、小さなパーティーや食事会でも使いまわすようにしています。今重宝しているのは、ミズイロインドで買った2万円くらいのもの。適度な光沢のあるウール製で、フォーマルの時はパールやコサージュネックで華やかさをプラス、普段のお出かけならカラータイツを穿いてカジュアルダウン。結果的に着用頻度が高くなり、オトクな一着になっています。

有能ポイント

着回しやすいノーカラー

スカートはひざ下丈

自宅で洗たくできる

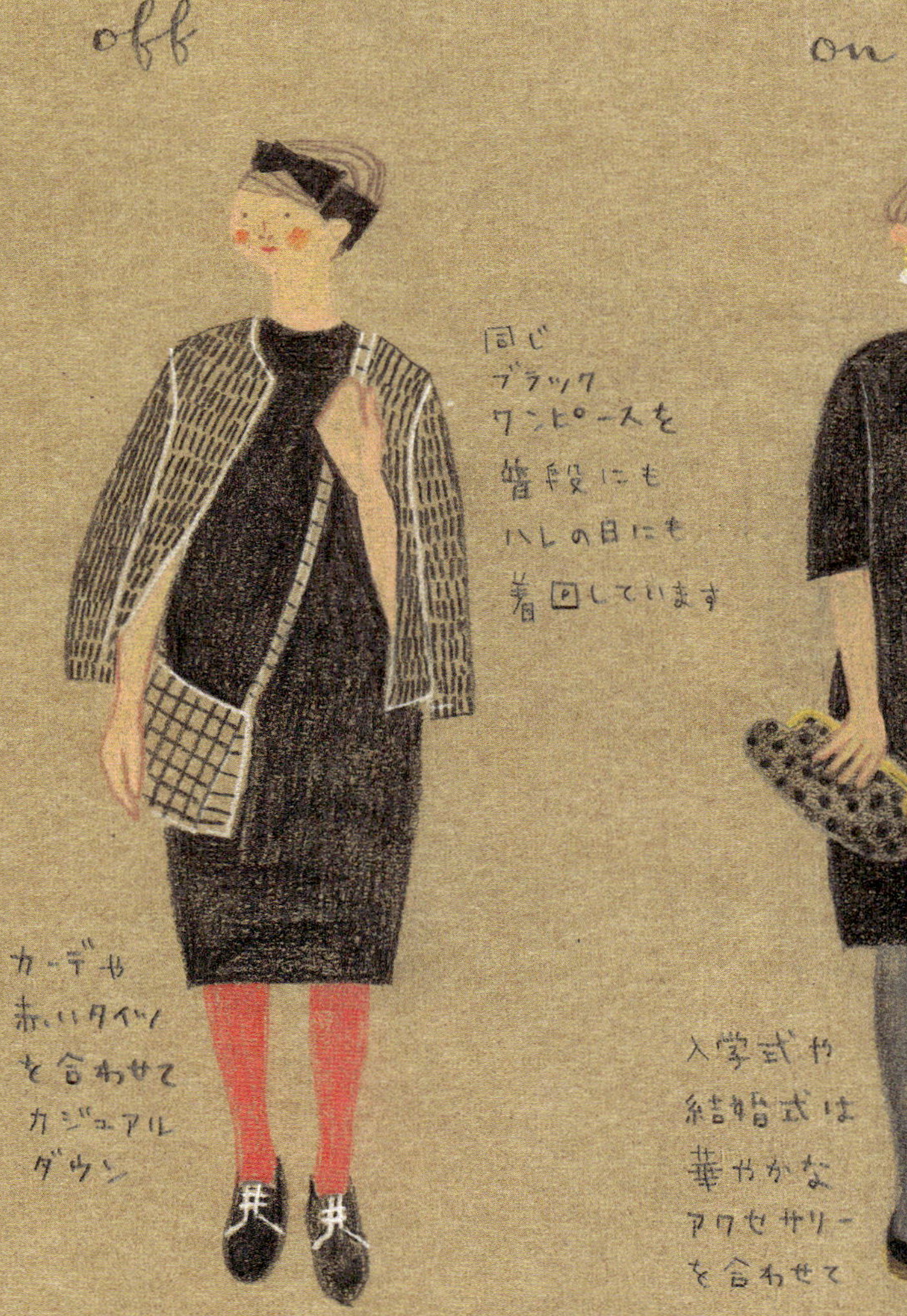
off
on
同じ
ブラック
ワンピースを
普段にも
ハレの日にも
着回しています
カーデや
赤いタイツを
合わせて
カジュアル
ダウン
入学式や
結婚式は
華やかな
アクセサリー
を合わせて

アクセサリー

自由に選べるのは大人の証

大ぶりのピアスがつけられるようになったのは、自由になった証のような気がします。子育て中は子どもに引っぱられる危険があったし、お出かけといっても子ども関係がほとんどなので、派手な印象を持たれてしまうのを避けたくて。

でも下の子がもうすぐ高校となった今、これからは好きに選んでいこうと思えるようになりました。大きなモチーフ、揺れるデザイン、ビーズやガラスなど繊細な素材も、いいなあと思ったら気兼ねなく選べることに大人の自由を感じます。

年齢とともに肌がくすむと顔の印象がぼやけますが、ピアスをつけると顔まわりがパッと明るく、くっきりするのも嬉しい効果。クラフトマンシップを感じる作家ものや、丸顔をシュッと見せてくれるシャープな形がとくに大好きです。

NG
イミテーションの
大ぶりアクセは
イタイです
OK
軽くて
天然素材の
大ぶりアクセが
お気に入り
レース
革
真ちゅう
籐

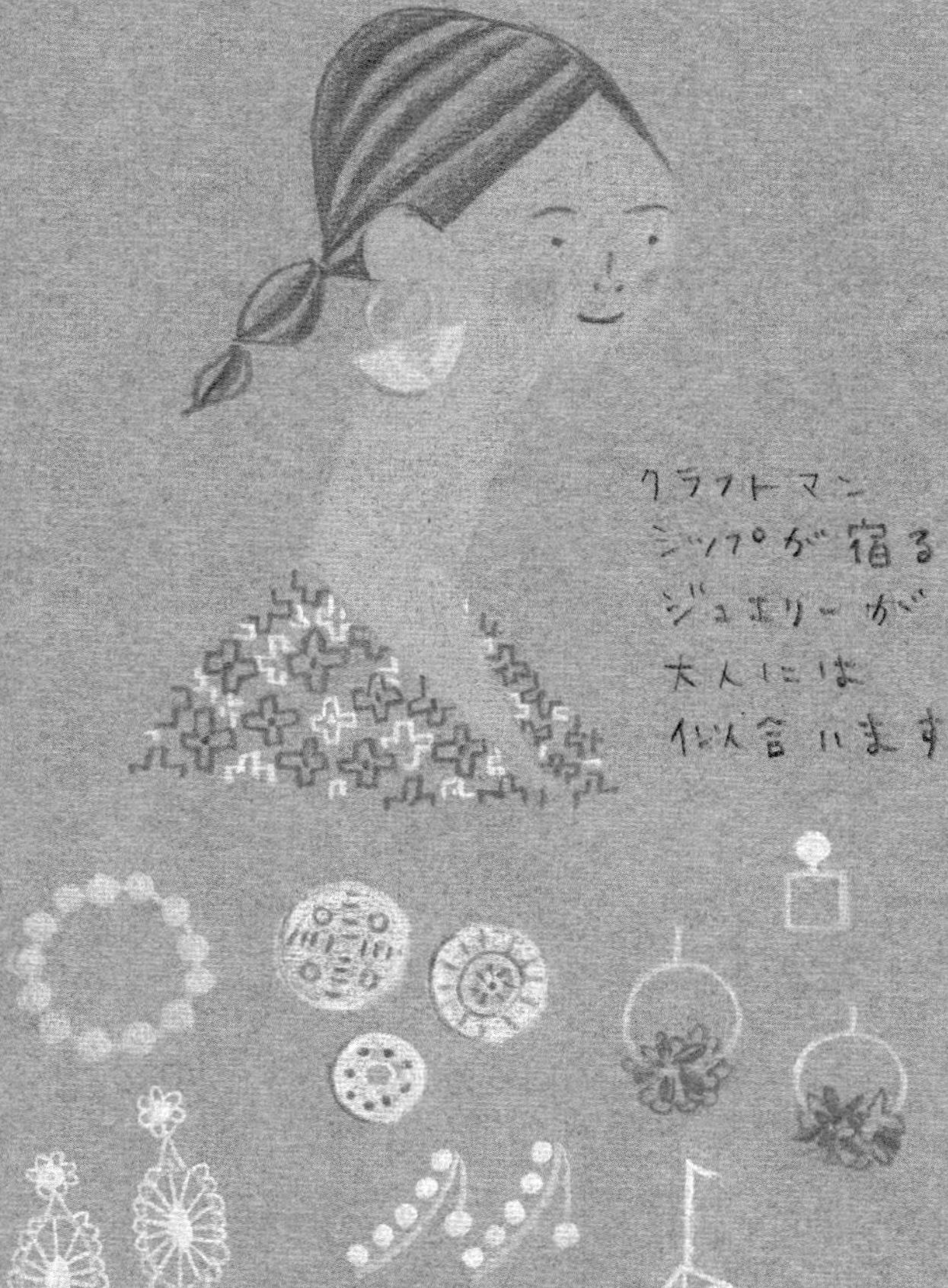
クラフトマン
シップが宿る
ジュエリーが
大人には
似合います

ストール

大判サイズをラフに掛ける

地味になりがちなアウターに、アクセントを添えてくれるのが巻きアイテム。赤やターコイズ、チェックやペイズリーなど鮮やかな色・柄にも気軽に挑戦できる楽しさがあります。

誰でも簡単に、おしゃれな雰囲気を出すには、大判サイズがおすすめです。ボリュームがあれば自然にくしゅっとシワができ、ちょうどいい立体感が生まれます。私が愛用しているのはジョンストンズのウールカシミヤストール。サイズは186×70・5cmです。

巻き方(掛け方)もポイントです。私たち世代は「きちんとした服装」に慣れてきたせいか、どうしても端を揃えてぴったり折ったり、体の真ん中できっちり結んだりするのがクセのよう。でもフォーマルな席でないかぎり、ふんわりとラフに掛けるくらいのほうが断然今っぽくなりますよ。

NG
ボレロ風に
結ぶのは
古臭い

OK
ふんわり
ラフに
掛ける

赤が入った
タータンチェック
は、冬のコーデの
差し色にも
なります
何年使っても
へたらず
古臭く
感じない
カシミアの
大判ストール
は 買い!
のアイテム

帽子

室内でもOKなベレーのすすめ

私にとって帽子はウィッグ代わり。忙しくて白髪染めができていないときやセットする時間がないとき、ポンとかぶればカバーできてコーデ全体もおしゃれに引き上げてくれます。

なかでもベレー帽は手放せません。ツバ付きのハットや麦わら帽と違い、室内でもかぶっていてもOKなので（女性は「髪飾りのひとつ」とみなされるそう）、カフェや美術館、仕事の打ち合わせでも取らずにそのまま過ごせます。フエルト製なら秋冬に、リネンやコットンなら一年中使えて便利です。

「帽子はなんだか恥ずかしい」という話もよく聞きますが、そんな方にこそベレーはおすすめ。髪型や顔の形も選ばず、意外と誰でも似合うんです。慣れればなんともなくなりますから、「ちょっと近所に」から始めるとすぐ定番になりますよ。

［おすすめアイテム→118ページ］

NG
色のあるベレー帽は悪目立ちしてしまう
頭のてっぺんにかぶると昭和のマンガ家風
OK
髪色に近い色を選ぶ
ななめにかぶるとこなれ感出ます

ベレーが
うれしいのは
部屋の中でも
かぶっていられるところ！

ヘアスタイルが
決まらない時
もベレーが
あれば
おしゃれに
決まります

ショルダーバッグ

身軽に出かけたい大人にぴったり

斜め掛けすると園児のようになりそうで、なかなか手が出せなかったショルダーバッグ。でも、最近やけに「マイクロバッグ」や「ミニショルダー」が人気の様子。お財布とスマホが入るくらいの小さなサイズと細いストラップが特徴です。

たしかにショルダーバッグの良さは、小さくて身軽になれること。両手が空いて、散歩が楽しくなるようなバッグ、私もなんだか欲しいなぁと試してみたら、いつもの着こなしにスッときれいな直線が入り、思っていたよりずっと素敵でした。

店員さん曰く、「ストラップをやや短め、腰あたりにバッグがくるようにするとスタイルアップにもなる」とのこと。心配していた子どもっぽさはどこへやら。少ない荷物で疲れ知らずに出かけられ、今の私にぴったりです。

［おすすめアイテム↓119ページ］

ストラップは細い方が品がある

P97みたいな腰の高さだと大人っぽく胸下だとイマドキっぽくなります

中に入れるのはスマホと財布とリップだけ

ショルダー
バッグは
手軽に
なれるの
が
うれしい!
細めの
ショルダーライン
がコーデを
引き締めて
くれます

リュック

アウトドアブランドのシンプルリュック

一人の時間が増えると遠くへ出かける機会も増え、数十年ぶりに「リュックが欲しい」と思うようになりました。せっかく買うならできるだけたくさん使いたいので、普段・旅行で兼用できるデザインが条件。行き着いたのが、ザ・ノース・フェイスの「ホットショット」です。

さすがアウトドアブランド、背やハーネスのクッションがしっかりしているので疲れにくく、内ポケットも充実。ノートパソコンもすっぽり入り、仕事使いにもばっちりです。色は黒なら間違いなし。容量（26リットル）のわりにごつく見えず、服を選ばないのも便利に使えるポイントです。

このリュックがあることで、今まで億劫だった場所へ行くのが気軽になりました。次の予定は長野・松本へ大人の遠足。行動範囲が広がると、視野も気持ちも広がります。

［おすすめアイテム→119ページ］

NG

フェミニンすぎると
おばさんぽい
四角いとビジネス感
が強すぎる

OK

26ℓくらい
までのサイズ
黒は服を選ばない

アクティブな
気持ちに
なれるのも
うれしい！
ザ・ノース・
フェイスの
「ホットショット」
は家族と
共用できる
定番
デザイン

パンプス

ぺたんこのVカットがマイベスト

「痛いし疲れるので、ヒール靴はもう履けない」という悩みをよく聞きます。私もここ最近は、1時間でも疲れてしまいまったく履けません。

それでもきちんと感を出したい時に重宝しているのが、Vカットのヒールなしパンプスです。正面から見ると甲の部分がV字にカットされているので、バレエシューズ（Uカット）よりもシャープな印象。長時間履いても痛くないので、歩いたり立ったりが多い日でも安心です。

Vカットのおかげで、足先までスッと長く見えるのも嬉しいところ。キレイめでもカジュアルでも、スカートでもパンツでも似合う万能シューズとして、よく履くルーティンに入っています。

［おすすめアイテム↓119ページ］

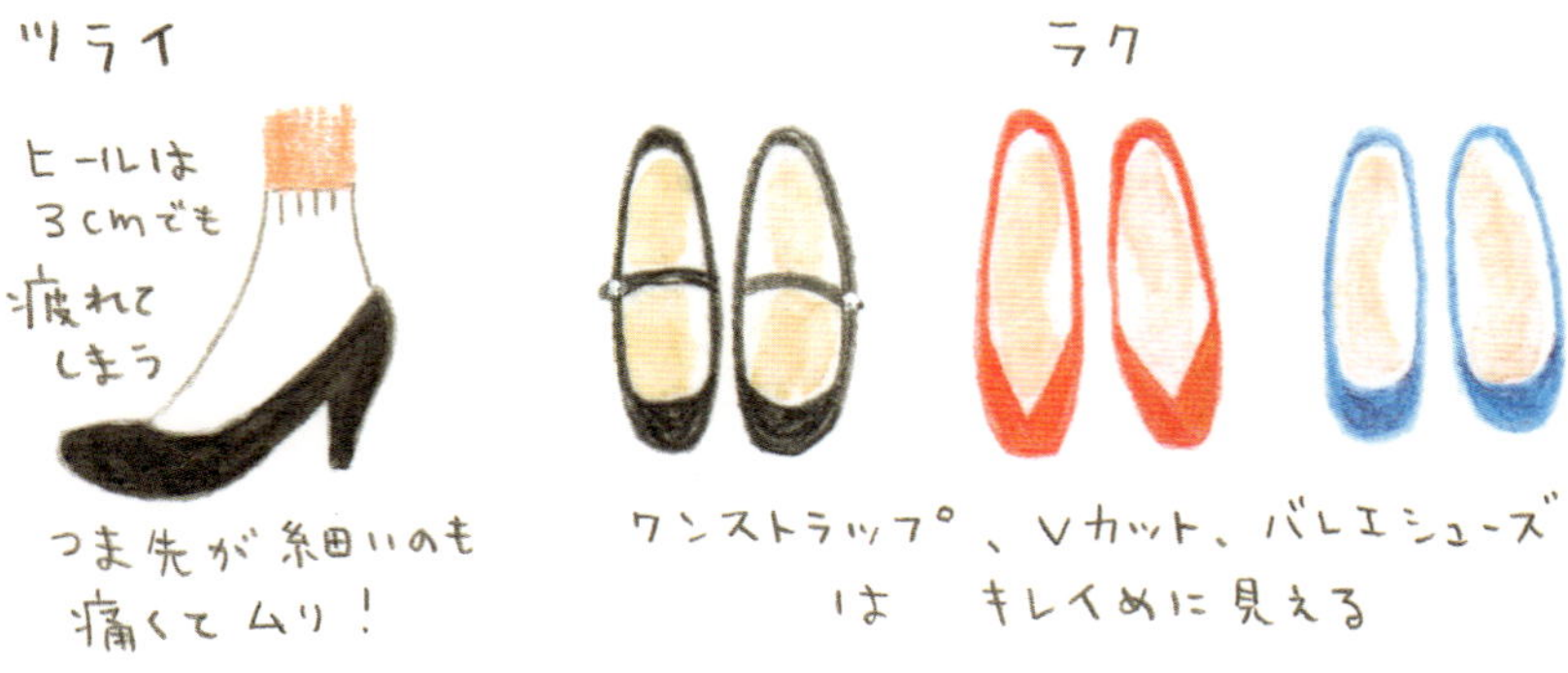
ツライ
ヒールは3cmでも疲れてしまう
つま先が細いのも痛くてムリ！
ラク
ワンストラップ、Vカット、バレエシューズはキレイめに見える

Vカット
パンプスは
きちんとした
スーツにも
カジュアルな
スタイルにも
合わせられる
タイツでは
なくレギンスにして
品のいい
大人の肌見せ
足の甲を
見せると
足が長く
見える効果も！

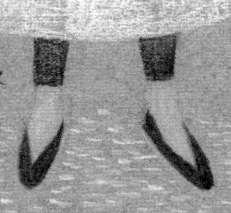

スニーカー

服のショップで探してみよう

「今日は歩くぞ！」という日は迷わずスニーカー。3時間、いや1時間以上歩く日はスニーカーが必須です。

スポーツブランドに行くと真っ先に目につくのは今季の新作。個性的なデザインが多く、「合わせる服を選ぶなぁ」と買うのを躊躇していましたが、ふと服のセレクトショップに寄ると、その店の服に合うようなスニーカーだけ置かれているのを発見！　自分でもコーデが想像でき、数種類の中からナイキの「コルテッツ」を購入しました。時代を選ばないクラシックなデザインで、服との合わせやすさを重視する私にはベストです。

靴を主役にする方なら個性的なスニーカーも素敵です。逆に私同様、靴をサポート役に考える方なら、服のお店で探してみるのもおすすめです。

［おすすめアイテム→119ページ］

今日は歩くぞ
という日は
絶対
スニーカー！
黒なら
キレイめカジュアルにも
似合います

定番色が増えると楽しい

　この本を書くにあたり、同世代の友人たちにおしゃれの悩みをたくさん聞きました。体型や体質に関すること、流行のアイテムに関すること、どこで買うかや予算についてまで！
「気になる服はちらほらあるけれど、上手く着こなす自信がない」という声もたくさんあって、そのなかには色に関する悩みも多くありました。「ベージュは大人っぽいっていうけど、それって私たち世代にも？」「最近、黒が似合わなくなってきた」「明るい色が着たいけれど、選び方がわからない」などなど。年齢とともに「着てみよう」と思える色は減りがちだから、どれも、うんうんと頷いてしまいます。

でも、きれいな色は人を元気にしてくれるとも思います。先日、黄色いワンピースを着た年配の女性を見かけ、「ああいう色を着てもいいんだ！」とこちらまで気持ちが晴れました。着ている本人だけでなく、会った人までワクワク明るくさせてくれる。色の力って素敵だなあと実感しました。

これからのおしゃれのルーティンに、そんな素敵な「MY定番色」がひとつでも増えたら楽しそう。「この色、けっこう使えるかも」、「こうすればしっくり似合って着られそう」と実感できたアイデアを紹介していきたいと思います。

まとめ▼▼▼黒や白以外にもあるはず、「自分に似合う色」を探してみよう

WHITE《白》

レフ板効果で顔を明るく

光のように華やかで、体型をさらけ出しそうなイメージの白は、私にとって勇気のいる色。「上手に着こなせる人はおしゃれ上級者だなあ」とハードル高く感じていました。しかし年齢とともに考えが変化。清潔感をまとうのに最適の色だし、顔まわりにあればレフ板効果でシワやくすみを飛ばしてくれると知ったからです。

そこでまずはシャツからチャレンジ。形さえ気をつければ体型もカバーでき、デコルテから上が一気に明るくなりました。このレフ板効果を実感して以来、白の苦手意識はなくなって、膝下まである白シャツワンピも、今では定番の一枚です。

一点、忘れてはならないのが「透け問題」。必ずインナーはベージュにして、せっかくの白の爽やかさを台無しにしないようにしています。

［おすすめアイテム→116ページ］

インナーはベージュ一択

ただしボトムスが黒なら

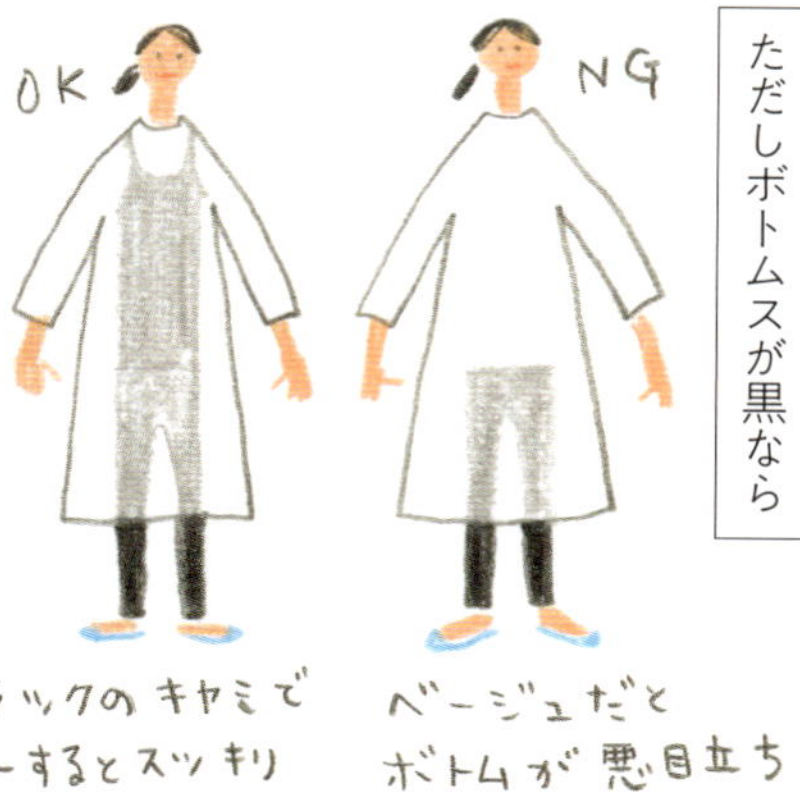
ブラックのキャミで
統一するとスッキリ

まっさらな白は
肌のくすみまで
飛ばして
くれる
気がします

BEIGE《ベージュ》

「きれい見せ」を徹底する

モデルさんが着ると上品なのに、私が着ると肌着（遠目だと裸）にしか見えない色、ベージュ。Tシャツやセーターなどはとくに太って見えがちで、手が伸びづらい色でした。

唯一持っているのがチノパン。毎回ピシッとアイロンをかけ、「カジュアルより、きれいめに」を意識すれば洗練された着こなしに使えます。「ならば、この〝きれいめ〟を徹底すれば他のベージュ服もいけるのでは？」と、ハリのあるシャツやプレスの入ったコートを試してみたらいい感じ。黒のアイテムを合わせれば、よりシックで大人っぽくまとまります。膨張しがちなベージュの印象を黒が引き締めてくれるのだと思います。

素材や合わせる色によって、苦手色が得意色になるとすごく嬉しい。ベージュの取り入れ方がわかると、コーデの幅が広がりました。

NG
OK
ベージュのやわらかニットは遠目で見るとほぼ裸！
ハリやツヤのある素材だとカッコイイ

ベージュ
×
グレー
は
品のいい
大人カジュアル
になる
色合わせ

PINK《ピンク》

辛口と合わせて甘さを相殺

ピンクは誰からも好印象な反面、大人の女性にとっては難しい色。ベビーピンクのニットはかわいいけれど、もし私が着たら、年齢にそぐわない不思議な乙女おばさんになってしまいます……。

コツのひとつはピンクの中での色選びだと思います。おすすめは青みがかった濃いピンク（やや紫がかったピンク）。ローズピンクやフューシャピンクともよばれ、キリッと引き締まって似合いやすい色です。

合わせるアイテムを辛口にするのも、私にはマストのルールです。黒のシンプルニットや襟付きのメンズライクなシャツ、レザーのマニッシュな靴などが組み合わせの定番で、カッコよさを目指すくらいで、甘さがちょうどよく相殺できます。

［おすすめアイテム↓117ページ］

ロングカーデや
マニッシュ靴も
相性のいい
辛口アイテム

NAVY《ネイビー》

他のブルーにはない魅力

ネイビーは年を重ねてから気になりだした色。今まではトラディショナルでカタい色、悪く言えば無難になりすぎてしまうというイメージがあったのですが、同世代の友人が白のTシャツにネイビーの羽織りものを着ているのを見て、「爽やかで若々しい！　ネイビーって今、似合う色なのかも」と印象がガラリと変わりました。

ネイビーの良さを生かすには、白と組み合わせるのがコツです。明度差が大きいため、メリハリがつき、清潔感が引き立ちます。また白のなかでもアイボリー（黄色寄り）ではなく、パキッと青みがかった白を選ぶのもポイント。全体がぼやけず、ネイビーの深みが効いた大人っぽいコーデに仕上がります。

NG
ネイビー×ブラック
顔映りまで暗くなってしまいます
OK
ネイビー×ホワイト
アイボリーではなく青味のある白でさわやかに

白×ネイビーは
大人のアウトドア
にも
ぴったりの
さわやかさ

BLACK《黒》

顔まわりに白を差すのがコツ

黒は永遠の定番だと信じていたのに、いつから
か似合わない色に。シミ、クマ、くすみが気になるせいか、黒を着ると顔がどんより疲れて見え、新たな悩みになっていました。

それでもやっぱり黒は好き。顔映りが悪くならないように試行錯誤し、もっとも効果を感じたのは、首元に白を差すことでした。トップスや襟、アクセサリーなど小さい面積でも白が入ると、光が当たったように肌が明るく見えるのです。

素材も大切。どっしりしたウールやファーなどは上質感がある一方で、暗く、老けて見えがちなので、リネンやコットン、カジュアルなウールが、今はしっくりきています。こんな風に小さな工夫で好きな色=似合う色になると嬉しい。これぞおしゃれの醍醐味！ですね。

白の差し方

顔周りに白があると パッと明るく洗練された印象に

いくつになっても
好きな色が
似合うと
うれしい

これからを助ける新定番

ワンピース

ラクだからこそシルエットに気をつけたいワンピース。ハリのある生地で、「ふんわり」より「シャープ」を選んで着ぶくれしないようにしています。全身がスラッと見えるハイウエストも個人的にはおすすめ。

左からベージュリネンワンピース（ユニバーサルティシュ）／白シャツワンピース（エンフォルド）

スカート

大人の上品さと脚長効果を兼ね備えたマキシスカート。真夏でも意外と涼しく、毎日穿きたいほど定番になっています。背が低いからと敬遠せず、もっと早く気づけばよかった！

左から黒レース（カルド ファブリカ）／ローズピンク（アーバンリサーチ）／ギンガムチェック、ライムグリーン（ともに生地を購入し友人の手作り）／バーガンディー（ジャーナルスタンダード）

帽子・ターバン

ヘアスタイルが決まらない時や白髪染めが間に合わない時、かぶるだけで助けてくれるベレー帽とヘアターバン。おしゃれ上級者にも見える一石二鳥のアイテムです。

左からグレーのウール（ノーブランド）、濃茶の麻（R&D.M Co.）／紺色ボンボン付き、マスタード（ともにCA4LA）／黒ボンボン付き（マーガレットハウエル）／ターバンはすべて自身手製

ショルダーバッグ・Vカットパンプス

スマホとお財布だけあればOKの日にはミニマムサイズのショルダーバッグ。パンプスは、ぺたんこでもきちんと見える甲がVカットのものが最近の定番。ローファーは若い頃から「好き」が変わらないこの1足だけ持っています。

左からレザーローファー（ドクターマーチン）／黒パンプス（エコロコ）／白パンプス（ザラ）／ショルダーバッグ（自身手製）

スニーカー・リュック

私のスニーカーとリュック選びは、「合わせる服を選ばない」がポイント。アウトドア＆スポーツブランドでシンプルなものを探し、タウンユースと旅行を兼用しています。

スニーカー（ナイキ）／リュック（ザ・ノース・フェイス）

4 更年期

——肌、髪、心。土台のお手入れ

大人になってからのアレルギー

歯の詰め物
からアレルギー反応

ここ1～2年の体の変化は、「プレ更年期」とでもよべるもの。キッパリと更年期宣言できるほどではないものの、今までなかった小さな不調が、あちこち顔を出し始めました。

たとえば肌。顔だけでなく全身が乾燥しやすくなったのか、化学繊維に触れるとピリピリとかゆみを感じます。金属アレルギーを発症する人も多いと聞きます。私はピアスの金具部分がチリチリ感じることが増えました。どうやらニッケルやパラジウム、銅などでできたプチプラのアクセサリーだと反応しやすく、チタンやジルコニウム、金、プラチナなら大丈夫。友人は50歳になる数年前に下あごや首まわりに原因不明の湿疹ができ、皮膚科でパッチテストをした結果、歯の詰め物から金属成分が染み出たアレルギーだとわかったそうです。治療は一部しか保険適用にならず、総額50万円以上もかかったと聞いて驚きました。私も今後、アレルギー反応を起こす素材が増えるかもしれません。「あれ？」と思ったら無理せずシフトし、心地よいものを選んでいきたいです。

まとめ▼▼▼大人になってから、生まれて初めてアレルギーが出る素材がある

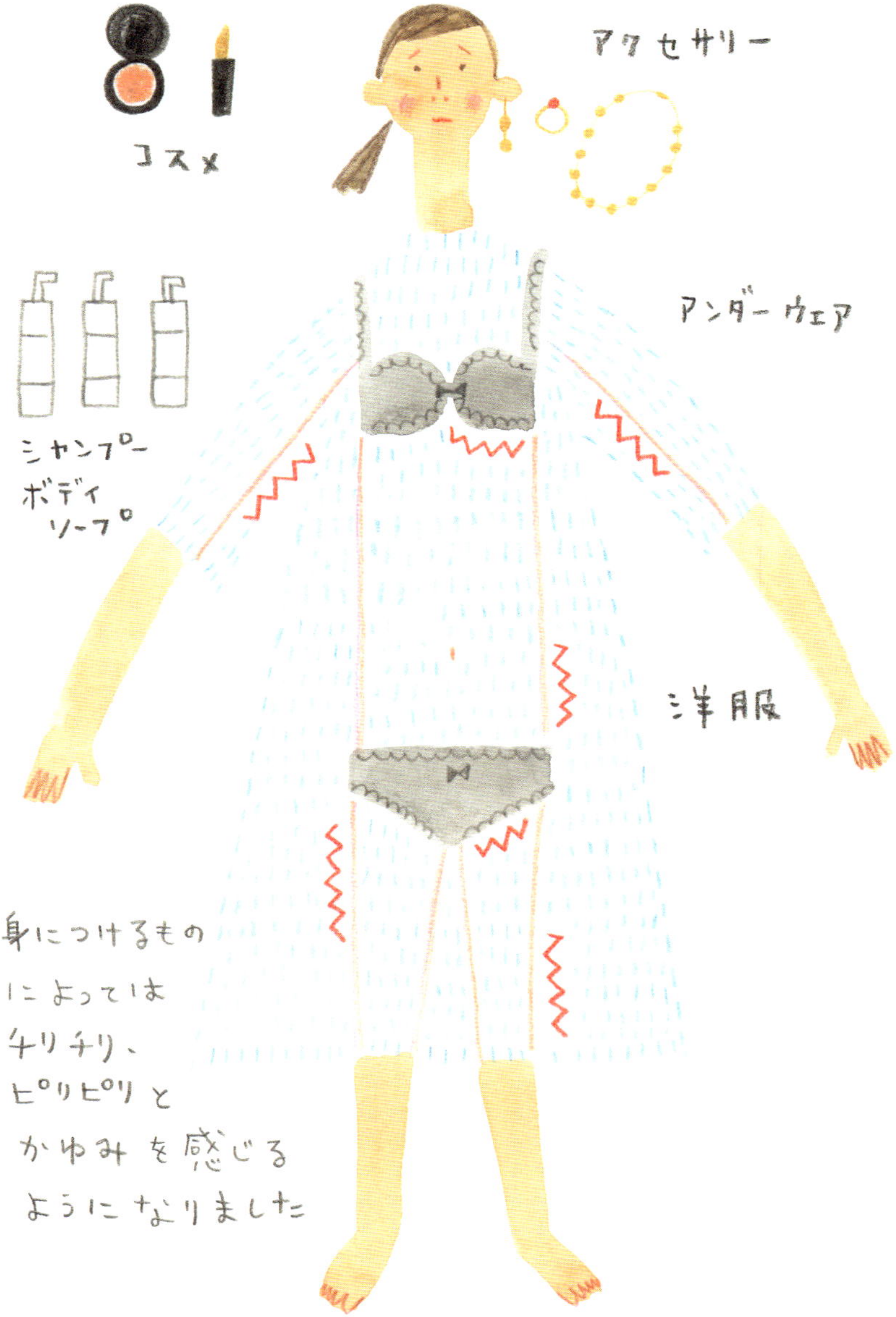
コスメ
アクセサリー
シャンプー
ボディソープ
アンダーウェア
洋服
身につけるもの
によっては
チリチリ、
ピリピリと
かゆみを感じる
ようになりました

汗が気になりだしたら グレーを避ける

それでも
着たい時は
汗対策インナー
を 着たり、
腕まわりに
風を通す
シルエットの
ものを
吸水性の高い
コットン素材は
要注意!

プレ更年期の友人と話題になりだした「汗問題」。いわゆる「ホットフラッシュ」やその予備軍的症状で、ちょっと歩いただけで汗をかいたり、顔がのぼせたりという話を聞くようになりました。自律神経の調整がうまくいかず、血管の収縮・拡張のコントロールができなくなることが主な原因だそうです。

自分ではどうにもできないことですが、汗が滲んだ中年の姿はなんとも悲劇！とくに脇の汗ジミはなんとしてでも避けたいので、トップスの色選びは気をつけています。ほとんど着なくなったのは綿素材のグレー。グレーは、カジュアルにもシックにもなって素敵なのですが、シミがもっとも目立ちます。目立ちにくいのは白か黒。白は着ている最中は目立ちにくいですが、黄ばみが出やすいので、気軽に漂白できる素材を選んでいます。

シルエットで言えば、脇まわりに風を通すようなゆったりしたものが安心です。最近は汗対策用のインナーも増えているので、あわせて活用しています。

［おすすめアイテム↓144ページ］

汗対策インナーも活用しています

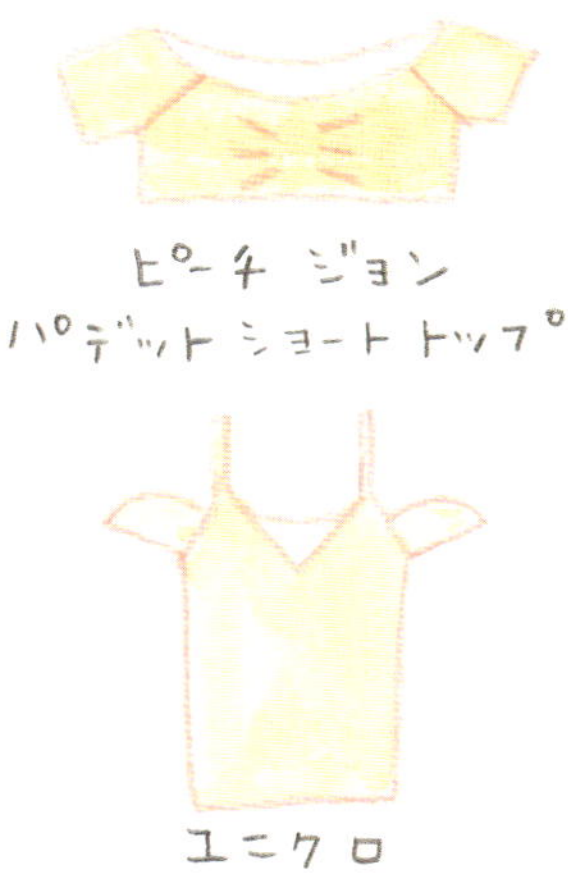

まとめ▼▼▼汗ジミの心配がない色選びで、清潔感と自信を保つ

爽やかな香りでやる気を出す

ジョーマローン
「バジル＆ネロリ」
JO MALONE
BASIL & NEROLI
甘すぎない
ネロリの香りで
リフレッシュ！

汗とともに、ちょっと意識するようになったのが自分のニオイ。45歳くらいから「自分が臭うかも？」と思わないでもなく、青春真っ盛りの息子や娘がちょうど香りに興味をもち始めたこともあって、私も久しぶりに香水をつけるようになりました。香りをまとうと、背筋がピン！と伸びるのもいいところ。やる気がなかったりだるかったり、

家で仕事に
集中できない時
シュッとスプレー

クリーン・リザーブ
「ウォームコットン」
他の香りと
重ねづけできる
ので重宝してます

ディプティック
「オーデサンス」
さわやかさと甘さ
が混ざりあった
大好きな香り

なんだかダラダラしてしまっている時にシュッとつけて「この香りにふさわしい、爽やかな自分になろう！」と気分転換しています。

お気に入りはディプティック「オーデサンス」、アニックグタール「オーダドリアン」、ジョーマローン・ロンドン「バジル&ネロリ」など。どれもシトラス系で清涼感ある香りです。クールなファッションが多い方なら、甘い香りでギャップを漂わせるのも素敵かもしれません。

ただつけるタイミングには要注意ですね。私はドライブに行く直前につけて大失敗した経験があります。乗り込んだ途端、「こりゃ酔うわ～」と急いで窓を開けましたが、スメルハラスメントは気をつけなければと反省しました。

［おすすめアイテム→145ページ］

まとめ▼▼▼爽やかな香りを控えめにつけて気持ちをアップ！

苦しくないのに若々しく見えるブラ2選

トリンプ
「マジックワイヤーライト」
痛くならない
ワイヤーが
うれしい
ナチュラルな形で
ボリュームより
ラインを重視

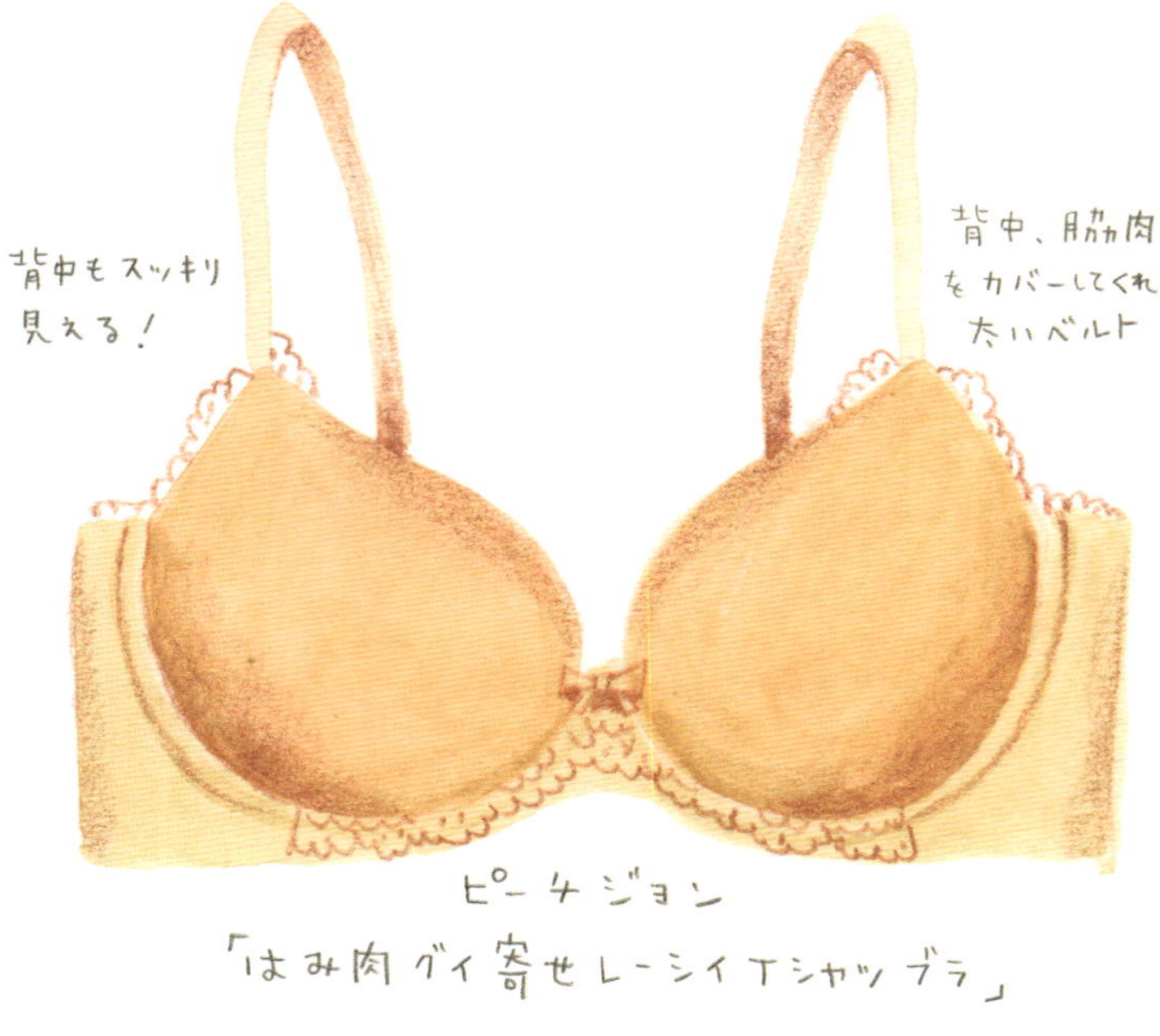
背中もスッキリ
見える！
背中、脇肉
をカバーしてくれる
太いベルト
ピーチジョン
「はみ肉グイ寄せレーシイTシャツブラ」

カップインキャミソールのラクさを知ってから、ワイヤー入りブラは苦しいわ痛いわで久しくつけていませんでした。バストトップの位置が下がるのはわかっていても、ついつい心地良さを優先。それでいいやと思っていたのですが、先日、年上（おそらく50代）なのにツンと上向きのお胸をしている方にお会いして、「今のままではまずい！」と思い直しました。とても若々しく見えたのです。

5年ぶりの下着売り場で勧められたのは、バストをぐいっと持ち上げるタイプのブラ。樹脂ワイヤーなので締め付けもないとのこと、試してみると確かに痛みなく快適です。しかし胸にボリュームが出たことで、上半身がむちむちっと太って見えてしまいこれはNG。健康的に、若々しく、スタイリッシュに服を着こなすには、上半身がスッキリ見えるほうがよいので、二の腕や肩まわりの肉付きがいい方は要注意かもしれません。

脇肉を寄せる太目のベルトやホールド感のあるモールドカップ、かつ痛くないタイプのワイヤーを探し、新調したのはイラストの2点です。姿勢まで良く見える優秀な補正力で気に入っています。

ボリュームアップを意識しすぎると不自然
脇や背中のムダ肉対策をしたほうが健康的

まとめ▼▼▼大人のバストは、ボリュームよりもスッキリを優先

二の腕のザラザラ、さようなら

二の腕にできるプツプツ、ザラザラ。ここ2〜3年でとくに気になるようになりました。医学的には「毛孔性苔癬《もうこうせいたいせん》」などとよばれ、毛穴に角質が溜まることが主な原因なのだそう。元々の体質もありますが、肌のターンオーバーの周期が遅くなることやホルモン代謝が影響することもあるそうです。

ぷよぷよ、たぷたぷの二の腕なので思いきり出すような服は着ませんが、肌触りが改善できたら着替えや入浴中でもテンションが上がるかな、と試してみたのが、ストライデックスの「センシティブパッド」です。サリチル酸配合の化粧水が染み込んだコットンパッド（使い捨て）が入っていて、気になるところを軽く拭き取るだけ。私の長年のサメ肌は、一週間ほどでツルツルになりました。

実はこれ、息子のニキビケア用に購入したもの。「毛穴の詰まりを取って皮膚を再生しやすくしてくれるなら」と使ってみたら、私の二の腕のザラザラにも効果大だったのです。ケア後は肌がやや乾燥するようにも感じるので、しっかり保湿をしています。

［おすすめアイテム↓146ページ］

まとめ▼▼▼ザラザラ肌が改善すると、ふとしたときに気分がいい

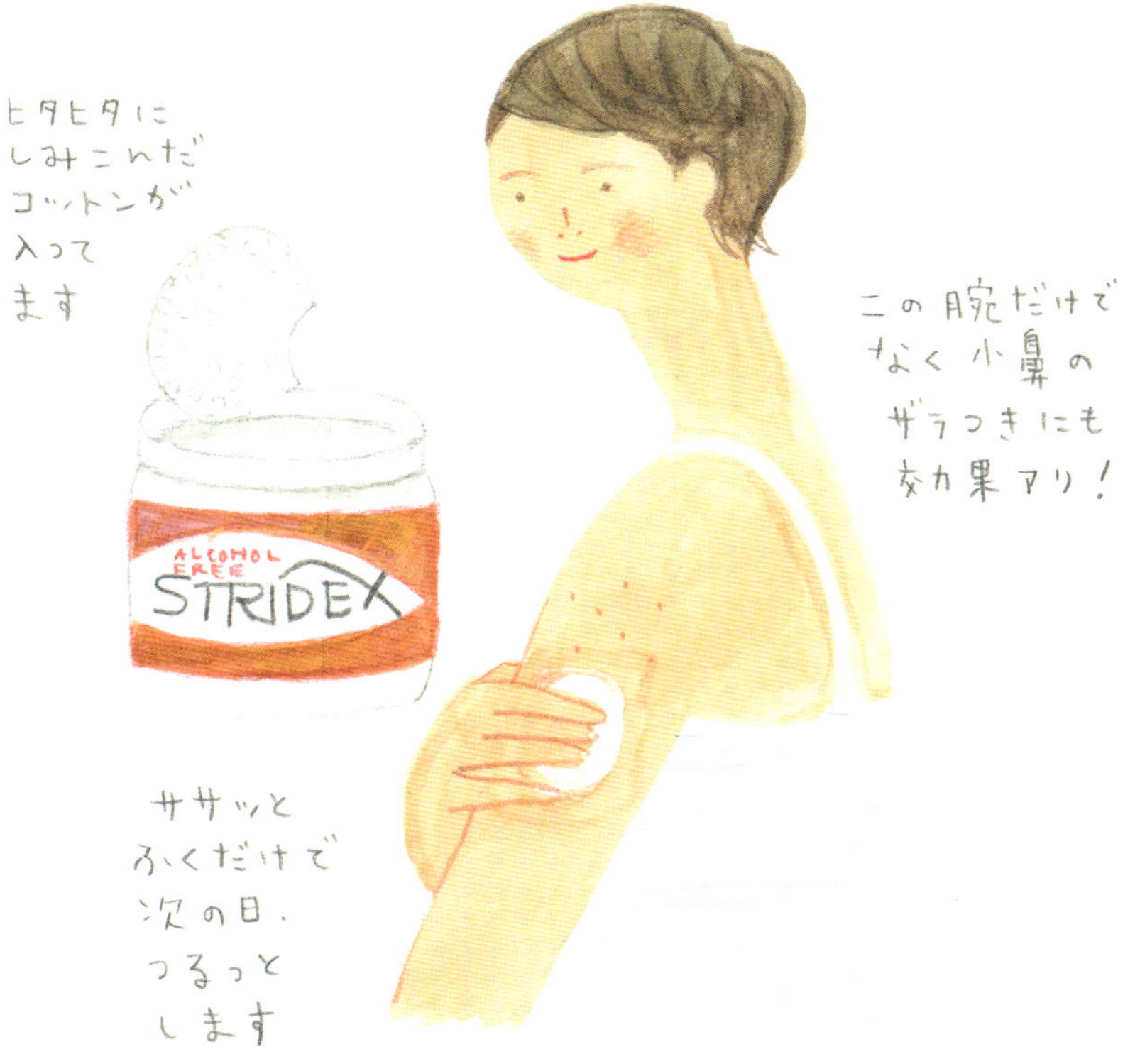
ヒタヒタにしみこんだコットンが入ってます
ALCOHOL FREE
STRIDEX
二の腕だけでなく小鼻のザラつきにも効果アリ！
ササッとふくだけで次の日、つるっとします

試行錯誤の毛穴ケア

小さじ一杯を
ハイボールに
入れたり♡
L・アスコルビン酸
L-ascorbic acid
「L－アスコルビン酸」

二の腕のザラザラもそうですが、自分にしかわからないくらいの小さな変化でも、「前より良くなった」と実感できると幸せがじわじわと満ちてきます。つるっとしてきたな、血色がいいな、カサカサがしっとりになってきた！　など、悩みがひとつでも解消されるのは嬉しいです。

白くポツポツした鼻の角栓は、数あるなかでも常に上位の悩みでした。「そういう肌質だから」と諦めてもいたのですが、たまたま試したインスタナチュラルの「レチノールセラム」が私の肌にはとっても合って、次第に毛穴がキュッと引き締まるように。おかげで角栓の凸凹も随分小さく、少なくなってきたように感じています。

さらにおすすめされて飲み始めたのが、ビタミンC（L－アスコルビン酸）の粉状サプリ。涙が出るほど酸っぱいのですが、これも毛穴の引き締め効果が期待できそうなので、頑張って毎日飲んでいます。お肌の老化は止めきれないけれど、せめてカーブを緩やかに。鏡を見るたびちょっと嬉しくなることを続けていこうと思っています。

［おすすめアイテム↓146ページ］

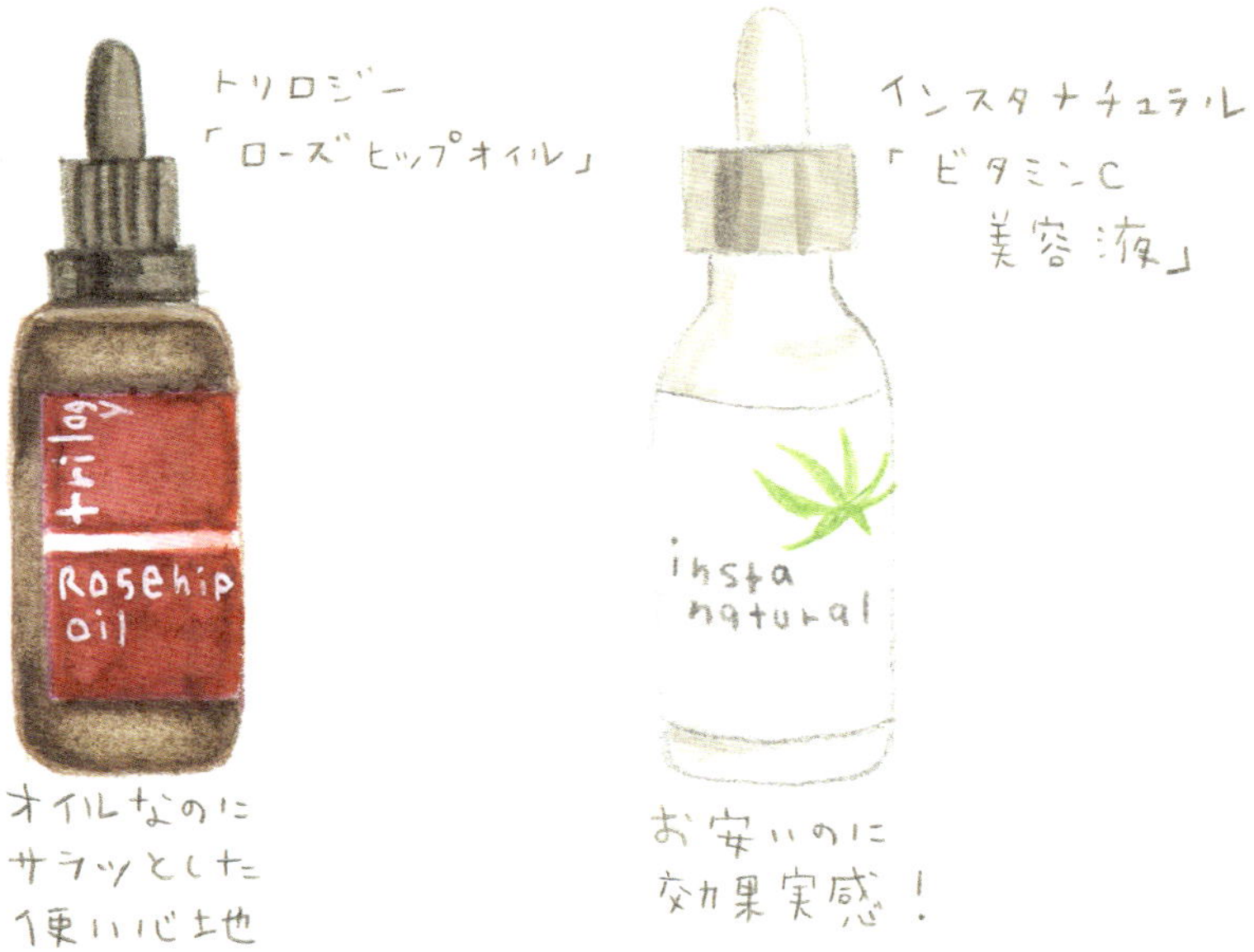
トリロジー
「ローズヒップオイル」
Rosehip oil
オイルなのに
サラッとした
使い心地
インスタナチュラル
「ビタミンC
美容液」
insta natural
お安いのに
効果実感！

どれも
ネットで
買えるのが
うれしい

まとめ▼▼▼自分しか気づかないくらいの変化も、実感が伴うとかなり嬉しい！

ベースメイクは最小限が最善

Melvita
ファンデーション
の代わりに
BBクリーム

やさしく長くプシューッと
出るスプレー
いい香りに癒されます
YON KA
ESSENTI
LOTION YON
スキンケア効果
のある
日焼け止め
パウダー
MMC

ファンデーションやコンシーラーを重ねれば重ねるほど粗が目立ち、夕方頃には粉ふき芋のような顔になるのをさんざん経験してきました。以来、シミやシワはもう隠さない！　見えてもいい！　と頭を切り替え、ファンデーションを使わなくなりました。

半ば諦めもあってか、それからは気持ちが軽くなり、人の目よりも、自分がしていて気持ちいい、ラクと感じるメイクにしています。化粧水はヨンカのスプレータイプ。プシューとひと吹きするとうっとりするほどいい香りで、一生浮気をしない化粧水かもしれません。次に精油で軽くマッサージして肌の血色を良くし、ツヤが出るBBクリームを塗ります。これがファンデーションの代わり。素肌がきれいなところ（まだマシなところ）にほんの少しのクリームを薄く伸ばすのがポイントで、ナチュラルな肌感に仕上がります。最後にミネラルパウダーの日焼け止めをブラシでサッサッ。しめて10分の最小限メイクが、今の私には最善です。

［おすすめアイテム↓146ページ］

まとめ▼▼▼最小限のベースメイクなら、夕方でも肌が疲れない

髪の乾燥は頭皮からいたわる

アホ毛が出る
うねった切れ毛がスゴイ
頭頂部やこめかみの毛量が少なくなってきた
パサパサで水分量が少ない
白髪がかたまりで増えていく

年齢を重ねてからの髪、とくに起きぬけの髪は「水分どこ行った？」というくらいパサパサ。クセ毛はうねりまくり、短い毛はふわふわ。白髪が増えるだけでなく、髪質の変化が止まらずに表情まで老けて見えてしまいます。

これには頭皮の血行の悪さも影響していると聞き、以来オイルマッサージを続けています。今では昔より頭皮に指が入るような、すこし柔軟になった感覚。洗髪前に行うことで頭皮の脂や汚れも落ち、髪がしっとりまとまります。

オイルは気分で選べるように数種類。質の良い椿油は馴染みやすくて香りも良いので、ここ3年へビーローテーションしています。最近仲間入りしたのはレオノール グレユというフランスのヘアケアブランド。100％天然成分で、洗髪前・後、お出かけ前のスタイリングにも使え、何より女性らしいフローラルの香りが魅力。朝つけても夕方まで香りが長持ちします。

［おすすめアイテム→145ページ］

まとめ▼▼▼髪のケアは頭皮から。血行と潤いを取り戻そう

Leonor Greyl
PARIS
L'HUILE
DE LEONOR GREYL
髪を若々しく
見せた方が
おしゃれも決まる
硬くなった頭皮を
柔らかくすると
髪が元気になる
少量もみこむと
ゴワゴワの髪質が
素直になる

ヘナ＋マロンで傷めずきれいに白髪染め

ケミカルなヘアカラーでかぶれて以来、白髪染めはオーガニックヘナを使っています。トリートメント効果もあるので、使うたびに髪にツヤやコシが出て、薄かった頭頂部にも髪が生えてきた気がします。ただ、インディゴ（藍色）のヘナでキレイに重ね染めするのがちょっと難しい。重ね染めすることで、オレンジに染まった白髪をこげ茶色に仕上げるのですが、前髪の内側やこめかみ、もみあげなどに染め残りができることがありました。

そんなとき知ったのが「マロン」という白髪染めです。おじいちゃんおばあちゃんに人気の昔ながらの白髪染めで、私の頭皮トラブルのもと、ジアミンが不使用というのが嬉しい特徴。試してみると塗り伸ばすのが簡単で、重ね塗りが必要なのは変わらないものの、一回目から上手に焦げ茶に染められました。頭皮トラブルもないので、しばらくはこの方法を続けるつもり。白髪が染まると格段に見た目が若返るので、おしゃれが楽しくなりますね。

ヘナだと白髪だけ
オレンジに染まります
コレが
おばさんぽい
のよね…

生え際もキレイに染まる〜

ヘナ
ヘナ100%
マロン

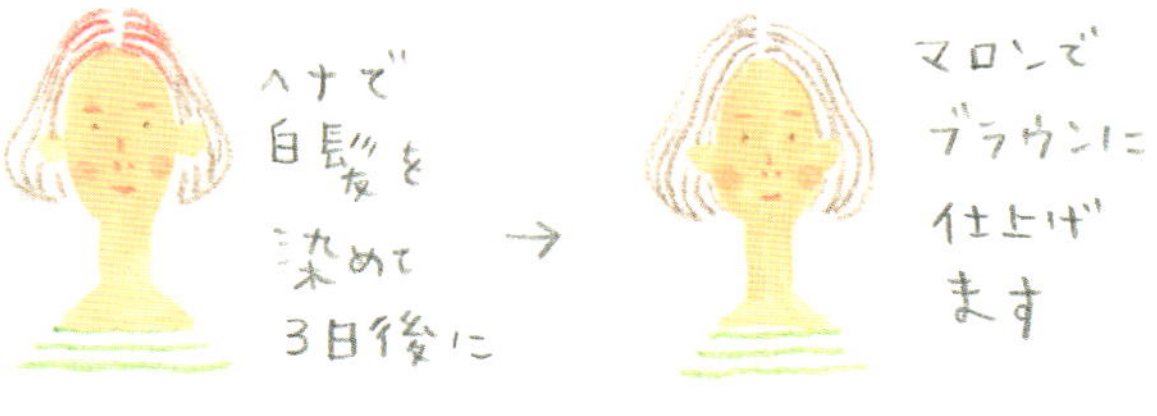
ヘナで白髪を染めて3日後に
マロンでブラウンに仕上げます

まとめ▼▼▼ダメージがなく、塗りやすい白髪染めなら続けやすい

年齢が出やすい手の甲の話

「手の甲は年齢が出やすい」と言いますが、私もシワ、シミ、血管が浮き出て、老化が早い部分だと感じます。長年、主婦性湿疹に悩まされてきたこともあり、食器洗い洗剤の選び方や布巾を清潔に保つこと、保湿ケアにも人一倍気をつけてきた

オリジナルデザイン
「波と月のカタチ」の
ゴールドリング
ADDICTION
「Jazzy Red」

お気に入りの
ハンドクリームで
マッサージ
しながら
ぬりこみます

つもりですが、年齢にはあらがえないものですね。ならばベースメイク（134ページ）と同じ発想で楽しもうと、気持ちが上がるアクセサリーやコスメを積極的に探すようになりました。
指輪はいつからかシルバーよりゴールドが似合います。18Kや真鍮の細い指輪を重ねづけすると、トレンド感も出てウキウキします。ネイルは赤とグレーが定番。どちらも色に幅があるので、自分の肌にしっくりくる色探しが面白い。ハンドクリームは香りに癒されるプチ贅沢なアイテムで、塗るのが幸せな時間です。これからおばあちゃんの手になっても、こんなふうに手先に気を使えたら「おしゃれが好きな人なんだ」と思ってもらえて会話が弾むような気がしています。

［おすすめアイテム↓147ページ］

ハンドクリームは香り重視で選んでいます
しょっちゅう使うものなので家のあちこちに置いてます

まとめ▼▼▼指先までおしゃれを楽しむ気持ちが若さにつながる（はず！）

揺らぐ視力には お手頃メガネ

先日、子どもの学校の合唱コンクールに行ったら、全員ぼやけて最後まで自分の子を見つけられないという大失態。視力の低下に驚いて、帰りにメガネを新調しました。買ったのはお手頃価格の近眼用。今後もまだ視力が悪化するかもしれないと思うと、高価なものより、気楽に買い替えられるお店に足が向きました。友人はアンティークのフレームを見つけて、レンズだけを替えてもらっているそう。それもいいアイデアですね。

加えて老眼も進行中。本を読んだりスマホを見たりする時はリーディンググラスが手放せません。ただしずっとかけているわけではないので、こちらは色や機能ですこし冒険。メンズっぽい黒のフレームや、ブルーライトをカットするものなどを使っています。こちらもプチプラなので度数が変わったら買い替えやすい。おしゃれなフレームが似合うグレイヘアのおばあちゃん、素敵だなと憧れています。

［おすすめアイテム↓147ページ］

裸眼だと
近くの
小さい文字が
とにかく
見づらい！

まとめ▼▼▼メガネもリーディンググラスもプチプラだと買い替えやすい

フライングタイガー「リーディンググラス」￥800

プチプラだけど
しっかり見えて
オシャレ！

アイウェアエア「オーバルアッシュブラウン」￥2900

ブルーライトも35%
カットしてくれます

ブラックは
リーディング
グラスに
見えないので
うれしい

汗・ほてり対策

汗が気になるけれど鮮やかな山吹色や薄いグレーなどの服を着たい日は、インターで対策。年齢やストレスによる諸症状の改善に効果があるというサプリも活用しています。

エアリズム汗取りキャミソール（ユニクロ）／左からゴールドC 1000mg（カリフォルニアゴールドニュートリション）／メノポーズ サポート 女性のためのハーブブレンド、スーパープリムローズ月見草（ともにnow）

フレグランス

家にいる時でもシュッと一吹きでリフレッシュ。外向きのおしゃれというよりも、自分の気持ちや体調のコントロールに使っています。

上段左からオード トワレ オーデサンス（ディプティック）／バジル & ネロリ コロン（ジョーマローン ロンドン）／フリージア（サンタマリアノヴェッラ）／ロンブルダンロー（ディプティック）

ヘアオイル

できるだけ天然成分の純度が高く、香りに癒されるものを使っています。その日の気分で選びたいから、小さめサイズを数種類常備。

下段左からアマランスオイル（オフィシーヌ・ユニヴェルセル・ビュリー）／スキャルプ＆ヘア トリートメント リムーバー（スリー）／純粋椿油 大島油（阿部製油所）／ユイル レオノール グレユ（レオノール グレユ）

毛穴ケア

まわりからは気づかれなくても、自分自身で「なんだか変わった！」と実感できると嬉しくて。地道にコツコツ続けています。

左からビタミンC アスコルビン酸（楽天で購入）／1ステップ・ニキビコントロール マキシマム（ストライデックス）／ローション ヨンカ PS（ヨンカ）／ローズヒップオイル（トリロジー）／ビタミンC美容液（インスタ ナチュラル）

ハンドクリーム

水しごとの後などにホッと癒される、プチ贅沢なアイテム。年齢を重ねた自分の手を大好きな香りでいたわります。

左からレモングラス マンダリン インテンシブ ハンド クリーム（スパセイロン）／ハンド＆アーム クリーム AC R（スリー）／ドゥーブル・ポマード・コンクレット（オフィシーヌ・ユニヴェルセル・ビュリー）／ラベンダー ハンドクリーム（ジュリーク）

メガネ

近視と老眼、両方必要なお年頃。買い替えやすいよう、手頃な価格帯で探しました。最近は雑貨店でも見かけます。

左からブルーライトカット リーディンググラス オーバル（アイウェアエア）／リーディンググラス（フライングタイガー）／老眼鏡（ゾフ）

著者
堀川波 *Horikawa Nami*
1971年生まれ。大阪芸術大学卒業後、おもちゃメーカー勤務を経て、絵本作家、イラストレーターに。著書は『45歳からの自分を大事にする暮らし』(エクスナレッジ)、『40歳からの「似合う」が見つかる大人の着こなしレッスン』(PHP研究所)、『わたしはあなたのこんなところが好き。』(ポプラ社)など30冊を超える。最近は『かわいい背守り刺繍』、『リネンで作る、つるし飾り』(ともに誠文堂新光社)など手芸作家としての著作も。
instagram.com/horikawa._.nami

48歳からの
毎日を楽しくするおしゃれ
2019年12月4日　初版第1刷発行

著者
堀川波

発行者
澤井聖一

発行所
株式会社エクスナレッジ
〒106-0032 東京都港区六本木7-2-26
http://www.xknowledge.co.jp/

問い合わせ先
編集 tel 03-3403-1381
fax 03-3403-1345
販売 tel 03-3403-1321
fax 03-3403-1829
mail info@xknowledge.co.jp